读书的人

魏小河 著

浙江文艺出版社

图书在版编目（CIP）数据

读书的人 / 魏小河著. — 杭州：浙江文艺出版社，2024.8. — ISBN 978-7-5339-7655-2

Ⅰ．G236

中国国家版本馆CIP数据核字第20243Y9E84号

策　　划	张恩惠
责任编辑	张恩惠
责任校对	唐　娇
责任印制	吴春娟
装帧设计	吕翡翠
营销编辑	詹雯婷
数字编辑	姜梦冉　诸婧琦

读书的人

魏小河　著

出版发行	浙江文艺出版社
地　　址	杭州市环城北路177号
邮　　编	310003
电　　话	0571-85176953（总编办）
	0571-85152727（市场部）
制　　版	杭州天一图文制作有限公司
印　　刷	浙江新华印刷技术有限公司
开　　本	787毫米×1092毫米　1/32
字　　数	147千字
印　　张	8.375
插　　页	5
版　　次	2024年8月第1版
印　　次	2024年8月第1次印刷
书　　号	ISBN 978-7-5339-7655-2
定　　价	68.00元

版权所有　侵权必究

目录

星辰时刻

003 萧红：野草不知道为什么要活着

010 张爱玲的前半生

030 讽刺大师钱锺书

038 杨苡：普通人的一生

044 安妮·埃尔诺：阶级、耻辱和记忆

052 桑塔格：一个迷人又磨人的文化偶像

063 布劳提根：像诗一样

077 不要和作家交朋友，尤其是海明威

多元世界的可能

085　特德·姜：科幻小说的荣光

092　失落的故乡

101　那些稍纵即逝的思绪

107　文学大师的隐秘生活

119　杜拉斯与张爱玲

125　沼泽里的生命

130　芥川龙之介的道德小说

138　玩游戏的科塔萨尔

143　人类的未来

149　你们与我们并没有什么不同

汉语的一种风度

159　灵光消逝的时刻

168　但生活还要继续

174　被卡住的人

182　它们琐屑，却也发光

190　生活的洪流

194　雨林里的百年孤独

202　有风有太阳的文字

生活在别处

211 这个时代,还有人要看游记吗?

215 关于旅行的无限清单

222 非洲在哪里?

227 失落与离散

232 中亚,中亚

239 英国的穷人

244 老外吃在中国

251 生活在八平米的房间

259 作家的小八卦

星辰时刻

萧红：野草不知道为什么要活着

一

《呼兰河传》写于1940年。

这一年，萧红二十九岁。离家已经十年。这十年里，她辗转大半个中国，终于到了香港。

这一年，张爱玲也在香港。二十岁的她，以《我的天才梦》参加《西风》三周年纪念征文，获名誉奖第三名，并获学校两项奖学金。

对张爱玲来说，这一年是她的时代的序曲。而对于萧红来说，她似乎还没有迎来自己的时代，就要枯萎。她患了肺结核，病得越来越重。

1941年，香港沦陷。张爱玲在《烬余录》里写下了她当时的经历。萧红的病不见好转。

1942年，萧红病逝，张爱玲回到上海。

之所以提到张爱玲，倒不是因为大家说到民国才女总是会举出她们，而是她们的文字中，都含着苍凉。

但是，天才和天才又到底不同。张爱玲出生于城市，她的文字里有城市的味道。口红、时装、电车、公寓，她都喜欢，她喜欢这兴兴轰轰的时代，但在花团锦簇里，又看见底子里的苍凉。人和人，各有算计，各有私心，热闹是热闹的，繁华是繁华的，人心里是冷的。

萧红出生于农村，或者不是农村，总之是乡下的小城。张爱玲在童年时期看到大人的虚伪、人和人之间的距离。萧红在童年时期看到的则是乡下人的"愚昧"，像牲口一样活着，甚至不如牲口。她也察觉到世间的荒凉，好像有一种命运似的东西，让这些人生生死死，无动于衷，既可悲，又可哀。她的荒凉，如同秋天过后的田野，万物萧条。

萧红这里，生存是最大的挣扎。张爱玲那里才有爱情。

二

"严冬一封锁了大地的时候，则大地满地裂着口。"

这是《呼兰河传》的第一句话。第一句话就是冬天，就是裂口。这是作者为整本书定下的调子，好像我们坐在飞机上从这里经过，远远地看见下面满是裂口的大地。

然后，飞机降低了高度。我们可以看见街道，看见人了。这时，喇叭响了，作者开始介绍这个小城，一横一竖两条主街，外带还有东二道街、西二道街，剩下的，不值一谈，只有一些小胡同了。

再然后，好像看幻灯片似的，作者介绍小城里的生活。要说生活，也没有什么大事，一年到头，精神上的享乐也就是跳大神、唱秧歌、放河灯、看野台子戏、逛娘娘庙大会，但每一件事，那画面都清楚得很，好像我们不在飞机上，而就在城里，就在当下。

接着，我们从飞机上下来，进到小城里，住到了一个大院，冬冬夏夏，看着身边的生活。

这是怎样的生活呢？一句话概括：残忍而不知残忍，荒诞而不知荒诞。

这些东西，鲁迅是写过的。对此鲁迅愤怒，愤怒人不争气，堕落到泥土里去，却并不以为意。萧红呢，她也看到这些春夏秋冬的重复里逆来顺受的麻木，但是她并不愤怒，她只是感到荒凉。野草不知道为什么要活着，就这样生生死死，死死生生。可是，生，并不容易呀。她的文字里没有嘲讽，只有悲哀。悲哀一个个生命就这样浪费了，没有人可惜，连他们自己也不可惜，也不在乎。

按萧红的话，是这样——

> 他们这种生活，似乎也是苦的。但是一天一天的，也就糊里糊涂地过去了，也就随着春夏秋冬，脱下单衣去，穿起棉衣来地过去了。
>
> 生、老、病、死，都没有什么表示。生了就任其自然地长去，长大就长大，长不大也就算了。
>
> 老，来了也没有什么关系。眼花了，就不看；耳聋了，就不听；牙掉了，就整吞；走不动了，就瘫着。这有什么办法，谁老谁活该。
>
> 逆来顺受，你说的生命可惜，我自己却不在乎。你看着危险，我却自以为得意。不得意怎么样？人生是苦多乐少。

这就是他们的生存哲学，可以看到一股强大的无力感，他们所能改变的太少。天要下雨，就下雨；地要干旱，就干旱；孩子死了，那么也只能死了。自己有什么办法？没有办法。于是，便就这么活着。

书中写到的有二伯，就是这样的人。你若问他有什么理想吗？那是想都不敢想的，活都活不过来，还往哪里想呢？什么都与我无关，什么事我都不关心，我就这么吊儿郎当地混着日子，不混着还能怎么办呢？没办法，那么就混着吧。

其实，这种心态，到今天，我们身体里怕还存着不少呢。

三

《呼兰河传》前两章，概括地、导览式地写小城。第三章开始，以"我"的视角写身边的生活，这一章是快活的，也是书中唯一一章快活的。这时"我"还太小，所知道的还太少，只和爷爷一起在花园里玩，什么都是新的，都是可爱的。

第四章开始，作者用了好多好多个"荒凉"："我的家是荒凉的""我家的院子是荒凉的"……

她开始带领我们去感受这些荒凉，主要写了小团圆媳妇、有二伯和冯歪嘴子的故事。

小团圆媳妇的故事，写得如在眼前，令人恨恨的，却也没有什么话可说。团圆媳妇就是童养媳，院子里老胡家里娶来的，只有十二岁。第一天来，所有人都去看，发表议论，吵吵嚷嚷。然后，打。婆婆说："给她一个下马威。"居民们也说，是要打的。

为什么打呢？也不为什么，总之心里有气没气，都要打。不打，见不得婆婆的地位。并且，不打她，还能打谁呢？

> 有娘的，她不能够打。她自己的儿子也舍不得打。打猫，她怕把猫打丢了。打狗，她怕把狗打跑了。打猪，怕猪掉了斤两。打鸡，怕鸡不下蛋。
> 唯独打这小团圆媳妇是一点毛病没有，她又不能跑掉，她又不能丢了，她又不会下蛋。反正也不是猪，打掉了一些斤两也不要紧，反正也不过秤。

就打。死命打。

下面这段话，是婆婆对别人说的，萧红写得淋漓尽致：

> 她来到我家，我没给她气受，哪家的团圆媳妇不受气，一天打八顿，骂三场。可是我也打过她，那是我要给她一个下马威。我只打了她一个多月，虽然说

我打得狠了一点，可是不狠哪能够规矩出一个好人来。

终于打出了病。家里似乎热闹了，街坊邻居，各个来献计：扎个纸替身，烧了；或者画个花脸，太丑，狐仙就不捉她走了；或者吃个带毛的鸡，鸡吃到肚子里，灵魂里就有一只鸡，传说鬼是怕鸡的，这样就没事了。

总之大神天天跳。活活折磨着。大家都快活，毕竟一年到头，很少有什么热闹。

后来又有一个法子。洗澡，当众洗澡。大盆滚烫的水，让团圆媳妇在里面浇，昏死过去了。冷水浇醒。第二天继续，如此洗了三回。

终于，死了。

萧红写这个故事，语言流畅，像河水一样，自然，毫不做作。同时，萧红的笔力极高，语言活灵活现，如临其境。她写的不是个人的故事，是群体。她也是女性，只是逃走了，逃离了那片轮回一样命定的土地，像一棵小草零落天涯。

实在，她写的也不仅仅是呼兰河，是千千万万这样的村庄、小城。《呼兰河传》几乎是中国乡土传，可以和费孝通的《乡土中国》一起看。

张爱玲的前半生

乱世中人,眼瞅着更大的机会,却总有一股冥冥中的力量压在身上,怎么甩也甩不掉。有些人脱掉这层壳,挤进了新的世界;有些人,终生困囿于自己的命运;还有一些人,用尽了全身力气,磕磕绊绊地想要逃离,却终究不能全身而退。

张爱玲是第一种人,她挤进了自己愿意进入的世界。张爱玲的父亲是第二种人,他的一生都在消耗,从未想过离开。张爱玲的母亲是第三种人,她勇敢地逃离,却戴着巨大的枷锁。

我们的故事,从张爱玲的母亲黄素琼开始。

一

黄素琼出生于1896年,在成长过程中,她一方面受到西方文化的影响,渴望自由、独立;另一方面,又被传统文化压制,从小被要求缠足,受过教育,却终究不能上大学。十九岁时,受家里的安排,嫁入张家。

那场婚姻在外人看来足够令人称羡,"一个是张御史的少爷,一个是黄军门的小姐,金童玉女,门当户对"。不知道十九岁的黄素琼当时是怎样的心情?这个不甘被命运宰治的年轻人,终于像所有她这样的女孩一样,嫁作人妇。

结婚五年后,黄素琼生下了张爱玲。那是1920年的秋天。一年后,张子静出生。再一年,他们全家从上海搬往天津。

搬往天津,是张廷重(张爱玲父亲)和黄素琼共同的愿望。在上海,张廷重和二哥住在一起。父母去世得早,兄长如父,二哥管家,有一双眼睛盯着自己,总是活得不自在。这回正好托堂兄的关系,在津浦铁路局谋了一个英文秘书的职位,便顺理成章地分家,迁往天津。少爷终于成了老爷。

对张爱玲来说，天津的那段日子模糊而快乐。她回想当时的生活，院子里有秋千，有大白鹅，有用人环绕，重要的是，有母亲。每天早晨，她跟着母亲不知所云地背唐诗；下午则靠在床上识字，认了两个字之后可以吃两块绿豆糕。

然而，令黄素琼没有想到的是，到了天津，本来以为美满幸福的小家庭很快遭遇危机。无人管束的张廷重结交了一群酒肉朋友，开始花天酒地，嫖妓、养姨太太、赌钱、吸大烟。所有有钱少爷可以做的，他都做了。

黄素琼不愿意做旧式妇女，对于养姨太太这件事情忍无可忍，多次与丈夫争执，却无能为力，终于离家出走——名义上好听一点，说是出国留学。这时候黄素琼已经二十八岁，是两个孩子的母亲，即使放到现在，这样的身份也会受到很多限制，但她并没有为了孩子放弃自己的人生。此时，家族里的长辈已经不在人世，她手里又握着一笔数目不小的遗产，是时候按照自己的心愿去生活了。

张爱玲后来在《童言无忌》里这么写她的母亲："她是个美丽敏感的女人，而且我很少机会和她接触，我四岁的时候她就出洋去了，几次回来了又走了。在孩子的眼里她是辽远而神秘的。"

张子静晚年回忆，"如果母亲没有在那一年出国，姐姐和我的童年应该是富足而幸福的"。

然而,母亲走了。

二

虽然母亲走了,但在八岁之前,张爱玲的生活大抵是快活的。她还太小,心理上的敏感还未发作,家里的气氛也还算好,虽然姨太太很快搬了进来,但这位妓女出身的老江湖并没有打压张爱玲,反而每天晚上带她去起士林看跳舞,还替她做了一套短袄长裙相配的丝绒衣服。

不过这姨太太的性格颇为跋扈。她教自己的一个侄儿读书,都能把人家眼睛打得睁不开。不仅如此,她还用痰盂砸破了张廷重的头。因为这,家族里有人出面说话,逼着她走,才走了。

除了家里出事,张廷重的工作也出了事。这位纨绔少爷得的本来就是闲差,经常不去上班,又吃喝嫖赌,还和姨太太打架,闹出一场丑闻,名声很不好。待到堂兄张志潭被免去交通部长职位后,张廷重的小小官职也就不保了。

丢了工作的张廷重,决定痛改前非,给黄素琼写了一封信,答应戒掉鸦片,赶走姨太太,并且再不纳妾,央求她回国。

1928年，八岁的张爱玲重新回到上海。父亲、弟弟和她一家三口住在武定路一条弄堂的石库门房子里，等母亲和姑姑回来。张爱玲在《私语》里写："到上海，坐在马车上，我是非常傲气而快乐的，粉红地子的洋纱衫裤上飞着蓝蝴蝶。我们住着很小的石库门房子，红油板壁。对于我，那也是有一种紧紧的朱红的快乐。"

然而，好景不长。母亲还没回来，父亲就因吗啡注射过量，差点死掉。"他独自坐在阳台上，头上搭一块湿手巾，两目直视，檐前挂下了牛筋绳索那样的粗而白的雨。"

哗哗下着雨，张爱玲听不清楚他嘴里喃喃说些什么，只感到很害怕。

就在父亲命将不保之际，张爱玲的母亲从海外归来。她很快主持了家务，将张廷重送到医院治疗。这个家庭开始朝着好的一面发展，全家搬到一所花园洋房，有狗，有花，有童话书，并且出现了许多蕴藉华美的亲戚朋友。

张爱玲对这段生活的记忆充满了温情。她记得母亲和一个胖伯母并坐在钢琴凳上模仿一出电影里的恋爱表演，她被逗得大笑起来，在狼皮褥子上滚来滚去；她记得母亲爱看《小说月报》上老舍的小说《二马》，杂志每月寄到了，母亲坐在抽水马桶上看，一面笑，一面读出来，张爱玲则靠在门框上笑。

她说，这时"家里的一切我都认为是美的顶巅"。

但这已经是"幸福家庭"的尾声了。父亲彻底治愈之后，为了防止太太再度出走，想要釜底抽薪，耗尽她的私房钱，因此拒绝支付家庭开支。他们剧烈地争吵，用人吓得把爱玲和弟弟拉出房间。

那种父母争吵的声音，不可避免地传进爱玲和弟弟的耳朵。这对于任何一个八九岁的孩子，都是非常可怕的。

张爱玲在《私语》里写："我和弟弟在阳台上静静骑着三轮小脚踏车，两人都不作声，晚春的阳台上，挂着绿竹帘子，满地密条的阳光。"

张子静晚年回忆："姐姐从来没有对我说过她的感受，但我相信，她那时一定也是害怕的。"

三

终于，父母协议离婚。虽然"心里自然也惆怅"，但张爱玲大抵是赞成的。她一向早熟，已经知道那样的生活是不可挽回的了。

这是1930年，除了父母离婚，张爱玲也在这一年入校上学。此时，张爱玲已经十岁，按理早就应该进学校，但是张廷重一向反感新式教育，只在家里请了先生，教张爱玲和弟弟四书五经，《西游记》和《三国演义》，后来也加了英语和数学，但这毕竟不是系统教育。

黄素琼因为自己的经历，不想孩子和她一样没有立足于世的能力，只能靠遗产过活。她坚持要送孩子去新式学校读书，为此和张廷重吵过很多回。最后，像拐卖人口一样，硬是把张爱玲送去上了小学，插班读六年级。

一年后，张爱玲小学毕业，进入上海圣玛利亚女校。这是个六年制的女子中学，由美国圣公会所办，在上海大有名气，属于贵族学校。

再一年，黄素琼就又出国了。这时，张爱玲和母亲的关系已经变得有些生分。她一直非常需要母亲，但黄素琼似乎并没有准备好做一个母亲。她是关心张爱玲的，她的几次回国，都是因为张爱玲的教育问题，她希望女儿有个更好的前途。但是，她并不懂得表达爱。如果她们能够朝夕相处，或许会有改善，但张爱玲与母亲一起生活的日子，满打满算，不过两三年。

读《小团圆》，你会发现除了和胡兰成的那一场恋爱，张爱玲耿耿于怀的，一直是和母亲的关系。早在天津时，五六岁的张爱玲就盼望着母亲从国外寄来新衣服,那个时候,她对母亲的印象是模糊的,是一种美好的想象。八岁时,母亲回来了。那一天,她吵着要穿上自己认为最俏皮的小红袄,可是黄素琼看见她第一句话就是:"怎么给她穿这样小的衣服?"她满心欢喜的准备,就被这句话浇灭了。

黄素琼一直按欧式淑女的模子打造张爱玲,给她讲吃饭的营养学,请钢琴老师,但张爱玲对这一切并不是很喜欢,她也没有办法在这些事情上获得肯定。

她一直期待母亲能够更亲昵地待她,但是一直等不到。十二岁那年,黄素琼第二次离开中国,当时张爱玲在学校读书,黄去看她。张爱玲写到这一段,情绪很复杂:

> 不久我母亲动身到法国去,我在学校里住读,她来看我,我没有任何惜别的表示,她也像是很高兴,事情可以这样光滑无痕迹地度过,一点麻烦也没有,可是我知道她在那里想:"下一代的人,心真狠呀!"一直等她出了校门,我在校园里隔着高大的松杉远远望着那关闭了的红铁门,还是漠然,但渐渐觉到这种情形下眼泪的需要,于是眼泪来了,在寒风中大声抽噎着,哭给自己看。

第一次读，我相信张爱玲说自己漠然。后来才发现，漠然其实并不漠然。张爱玲没有惜别的表示，其实是一种极隐忍的挽留，她希望母亲能够更多地表达不舍，但是"她也像是很高兴"。张爱玲在这里是不甘的，所以漠然，但其实是委屈，深刻的委屈，在寒风中大声抽噎，也只有自己看得到，母亲是已经走了的。

《小团圆》里，她还写过一次过马路，也是触目惊心：

> 九莉坐久了都快睡着了，那年才九岁。去了几个部门之后出来，站在街边等着过马路。蕊秋正说"跟着我走；要当心，两头都看了没车子——"忽然来了个空隙，正要走，又踌躇了一下，仿佛觉得有牵着她手的必要，一咬牙，方才抓住她的手，抓得太紧了点，九莉没想到她手指这么瘦，像一把细竹管横七竖八夹在自己手上，心里也很乱。在车缝里匆匆穿过南京路，一到人行道上蕊秋立刻放了手。九莉感到她刚才一刹那的内心的挣扎，很震动。这是她这次回来唯一的一次形体上的接触。显然她也有点恶心。

母亲拉孩子的手过马路，竟然是如此陌生、尴尬，甚至有点"恶心"。这显然不是正常的母女关系。

四

1932年至1934年，是张爱玲仅剩的惬意时光。虽然母亲走了，但日子还算平静。平日住校，周末由家里派司机接回家。

母亲走了之后，父亲搬了新家，和舅舅离得很近。张爱玲也常常和表姐妹、表兄弟一起玩。寒假的时候，他们一起做圣诞贺卡，张爱玲每次做好了就拿给姑姑，托姑姑寄给母亲。

十二岁的少女，心里还是想要一份母爱的。

母亲走后，钢琴课也学不成了。张爱玲曾在散文里写过，她因为学钢琴向父亲要学费，"我立在烟铺跟前，许久，许久，得不到回答"。

但那时她还是喜欢父亲的——"我知道他是寂寞的，在寂寞的时候他喜欢我"。

张廷重也很喜欢张爱玲的文学才华，经常和她谈论《红楼梦》。在中学时期，张爱玲在课余时间写过一部章回体的《摩登红楼梦》，有上下两册，父亲看了之后还替张爱玲拟了回目。可以说，张廷重正是她的文学启蒙老师。

1934年，张爱玲初中毕业，升入高一。她这时已经很有自我意识，设想中学毕业后到英国读书，她还想学卡通电影，要把中国画的风格介绍到美国去。她说："我要比林语堂还出风头，我要穿最别致的衣服，周游世界，在上海自己有房子，过一种干脆利落的生活。"

后来，除了周游世界，她确实穿过最别致的衣服，过上了干脆利落的生活。这个十四岁的女孩，在这时已经很清楚自己是谁，要什么了。

1934年还有一件大事——父亲再婚。这件事情对张爱玲的打击是很大的。"我姑姑初次告诉我这消息，是在夏夜的小阳台上。我哭了，因为看过太多的关于后母的小说，万万没想到会应在我身上。我只有一个迫切的感觉：无论如何不能让这件事发生。如果那女人就在眼前，伏在铁栏杆上，我必定把她从阳台上推下去，一了百了。"

大人的世界，孩子没有任何办法。当年夏天，双方订婚，年底在华安大楼举行婚礼。张爱玲和弟弟都参加了，对生性敏感的张爱玲来说，那一定是异常难熬的一天。

后母进门的最初两年，日子还算平静，双方都尽量礼貌。然而，日子究竟是不一样了。让张爱玲耿耿于怀的，是后母把从娘家带来的两箱旧衣服送给她穿。兴许孙用蕃

（张爱玲后母）是好意，但在张爱玲看来，则是屈辱。她的整个青春期，一直在穿这些旧衣服，有些领口都磨破了，有些则是款式老旧的旗袍，作为一个在贵族学校上学的女生，张爱玲过得确实窘迫。成年之后的张爱玲穿衣服肆意夸张，可能正是对这一时期的反叛。

不过幸好张爱玲平日住校，不必天天和后母见面。在学校里，张爱玲有两重名声。第一重是她的健忘，她总是忘记交作业，每当老师问起缘由，她便两手一摊道："我忘了。""我忘了"三个字在她口中出现的频率太高，以至于这三个字几乎成了她的诨号。除了健忘，她还懒散、古怪。教会学校，规矩比较严，每个卧室都有鞋柜，不穿的鞋子必须放回柜子里，不得随意摆放。若不按规矩来，则要将那人的鞋子放到走廊示众。最常被示众的，就是张爱玲的一双旧皮鞋，不过她对这事好像并不怎么在乎。

让她出名的，还有她优异的学习成绩。她虽然常常不交作业，但考试成绩总是名列前茅，并且作文写得非常好，在校刊上经常发表文章，国文老师也特别器重她。

中学时代是张爱玲文学的萌芽期。她在《天才梦》里也写过，她七岁就写过第一篇小说，九岁就向《新闻报》副刊投稿。从中学时代开始，她已经渐渐找准了未来的方向。

五

1937年夏天,张爱玲即将毕业,黄素琼从法国返沪,同行的还有一位美国男友——四十出头,相貌堂堂。

前面已经说过,黄素琼对女儿的教育问题一直很上心,这回女儿高中毕业,当然要回来看看。

张爱玲打定主意是要去英国读书的,母亲这次回来,也是为了这件事。她先是托人约张廷重谈,父亲避而不见。事情没有进展,只得张爱玲自己出面,但事情最终是没有办成。

"我把事情弄得更糟,用演说的方式向他提出留学的要求,而且吃吃艾艾,是非常坏的演说。"父亲无动于衷,后母还当众骂了出来:"你母亲离了婚还要干涉你们家的事。既然放不下这里,为什么不回来?可惜迟了一步,回来只好做姨太太!"

这事就这么拖着。还没理出头绪,战争爆发了。淞沪会战一打,上海也被轰炸,很多市民死伤。这时正值毕业考试,张爱玲想和母亲多待几日,便以炮声太吵睡不着觉为由,向父亲打了招呼,要去姑姑那住两天。

这一住，就是一个礼拜。等到考试结束，她回来时，后母突然发难："怎么你走了也不在我跟前说一声？"

张爱玲回："我向父亲说过了。"

后母勃然大怒："噢，对父亲说了，你眼睛里哪儿还有我呢！"

没等张爱玲反应过来，后母竟一个大嘴巴打在她脸上。张爱玲刚要还手，被保姆拉住。此时，后母恶人先告状，一边奔上楼一边高喊："她打我！她打我！"不一会儿，父亲冲下来，揪住张爱玲就是一顿打，边打还边吼："你还打人！你打人我就打你！今天非打死你不可！"

张爱玲就这么被父亲打着，后来她在文章里写："我觉得我的头偏到这一边，又偏到了那一边，无数次，耳朵也震聋了。我坐在地下，躺在地下了，他还揪住我的头发一阵踢。终于被人拉开。我心里一直很清楚，记得我母亲的话：'万一他打你，不要还手，不然，说出去总是你的错。'所以也没有想抵抗。"

把张爱玲拉开的是从小把她带大的保姆何干。不知过了多久，父亲上楼去了。张爱玲站起来，到浴室里看见自己满身的伤，心里的屈辱无处发泄，便狠了心，准备到巡捕房报案。然而父亲早就叮嘱门警，不放她出去。她挣扎了一阵，没有效果，反倒被张廷重知道了，更加生气，把一只花瓶直接摔向张爱玲，幸好歪了一点，没有砸到。

她被关了起来。整整半年，在这个她出生的地方，她成了囚犯。她后来在文章里写："我希望有个炸弹掉在我们家，就同他们死在一起我也愿意。"

有段时间，她病得很严重，差一点就死了。幸而有何干照顾，究竟从死神边上拽了回来。身体好转之后，她就开始计划出逃，想了很多种办法，终于在冬天的一个晚上，沿着墙根摸到铁门，拔出门闩，跑了出去。获得自由的激动无以言语："我在街沿急急走着，每一脚踏在地上都是一个响亮的吻。"

从此之后，她永远离开了父亲的家。

六

逃离了父亲的家，母亲的家，竟然也不好住。前面已经说过，母亲这次回来是带了男友的。作为女儿的她，反而成了一个多余的人。

不过，黄素琼还是给张爱玲请了一位犹太裔英国人补习数学，让她参加伦敦大学远东区的考试。

补习是要花钱的。而钱，总是很容易生出问题。从前问父亲要钱，张爱玲已经体会过那种难堪。如今隔三岔五问母亲要钱,也成了负担。

> 问母亲要钱,起初是亲切有味的事,因为我一直是用一种罗曼蒂克的爱来爱着我的母亲的……可是后来,在她的窘境中三天两天伸手问她拿钱,为她的脾气磨难着,为自己的忘恩负义磨难着,那些琐屑的难堪,一点点地毁了我的爱。

她和母亲越来越生分,张爱玲没有达到母亲最开始设想的淑女要求,虽然成绩很好,但生活能力几乎为零。她模模糊糊地开始知道,从此以后,前面的路只有自己一个人走了。

当时,张爱玲的弟弟也很不好过。姐姐走了之后,他也抱了双球鞋来投奔母亲,但是母亲回绝了,光是供姐姐就很吃力,没法收留他。说完,弟弟哭了,爱玲在旁边也哭了。

张子静在晚年回忆说:"回到父亲家,我又哭了好多次——从此我和姐姐再也不能一起生活了。"

确实,从此之后,姐弟俩的人生将大大地改变。张爱玲考得远东区第一名,但战争爆发,没法去伦敦上学,好在伦敦大学的入学成绩对香港大学同样有效。于是，1939年，十九岁的张爱玲赴港读书。

七

香港给了张爱玲另外一个天地。虽然在香港读书的三年里，张爱玲除了用功读书外，几乎没做什么别的事情，但这两年毕竟是完全不一样的人生经历，是张爱玲最后的青春时刻。

港大的生活，张爱玲在《小团圆》里有细致的描写。这里的学生，大多是有钱华侨的子女，家境都很优越，张爱玲在这里可以说是地道的穷学生。因为没有钱置办衣裙，她不参加舞会；因为没钱负担船费，她拒绝了去一位有钱的同学家玩。

暑假的时候，因为经济问题，她也不能回家，只得到修道院蹭住。她只有努力读书，争取奖学金。因为学业，她甚至放弃了写作，在港大的三年，她没有用中文写过任何东西，那篇寄给《西风》杂志的《天才梦》还是离开上海之前投的稿。

这段时期，她和母亲的关系也有了新的裂痕。《小团圆》里有写：暑假时，母亲路过香港。她满心欢喜，经常去酒店看她,还把自己的奖学金八百元喜滋滋拿去送给母亲,但母亲却怀疑她的钱来路不正。让张爱玲更痛苦的是,这笔钱后来被母亲打牌输掉了。很久之后张爱玲对姑姑说起这件事,直言"自从那回,我不知道怎么,简直不管了"。

姑姑提醒:"她倒是为你花了不少钱。"

张爱玲当然不是特意看重那八百块钱,而是母亲的态度。她回道:"母亲的钱,无论如何一定是要还的。"后来,她果然还了黄素琼。这可能是她心底蓄谋已久的报复,那么多的爱付之流水,她要故意狠起心来,和她做个了断。在书里看到还钱这段,真是让人心疼,这和她小时候故意不对母亲表示惜别一样,是委屈到极点的反叛。她想要的,一直是母亲的关心和爱。

可以说,张爱玲的前半生,一方面是从一个古怪少女变成天才作家;另一方面,她的心也经由一个个人、一件件事,一点点地冷下去了。

八

太平洋战争爆发,大学停课,本地的学生都回家,家在异乡的学生被迫离开宿舍,无家可归。医科学生被派到郊外的急救站去,文科生也要参加防空服务。为了解决吃住问题,张爱玲只得跟着同学们到防空部去报到。刚报了名,一颗炸弹就落在身边。张爱玲用防空员的帽子护住脸,眼前黑了好一会儿,才知道自己没有死。

"我差点死了",她想到这点,想要告诉别人此时此刻她的感受,但突然发现,她没有人可以倾诉。在生死之际,张爱玲深刻地感觉到:自己在这个世界上只有自己了。

战争来得快,去得也快。可惜等到战争告一段落,大学仍然上不成,所有文件都烧了,学生的记录、成绩都烧了,一切付诸东流,再好的成绩也不算数了。

她后来在《烬余录》里写道:"到底仗打完了。乍一停,很有一点弄不惯,和平反而使人心乱,像喝醉酒似的。"

战争是她青春最后的底色。她看见大破坏就在眼前,也看见人的渺小和无力,以及里面的荒诞。与此同时,她正在走向成年,一点点地脱离了原生家庭,以前的那条路不能走了。英国、美国暂时都去不了了。

这时候的张爱玲是迷茫的。她自己大概也没有想到,仅仅两三年后,她就成了上海最当红的作家,她曾经想要的一切,很快就全部都来了。

那几年,她爆发式地写作,热烈地生活,是人生中的高光时刻。之后,便是漫长的枯冷时光。坐在回上海的船上,年轻的张爱玲当然不会想到这么多。但一个属于她的时代,马上就要来了。

讽刺大师钱锺书

一

《围城》是钱锺书唯一的长篇小说。他另有一本短篇集子,名为《人·兽·鬼》,除此之外,虚构作品便没有了。这很可惜,但没有办法。时代总是比人大。

《围城》写于1944年,写了两年,1946年完成。算一下,当时钱锺书三十六岁,正值盛年。但不久,小说就不容易写了,一搁就是好几十年,终于等到夏志清把沈从文、钱锺书、张爱玲重新介绍回来,已经是20世纪80年代。

杨绛在文章里写,她曾在《围城》重版后问钱锺书想不想再写小说,钱锺书回答:"兴致也许还有,才气已与年俱减。要想写作而没有可能,那只会有遗恨;有条件写作而写出来的不成东西,那就只有后悔了。遗恨里还有哄骗自己的余地,后悔是你所学的西班牙语里所谓'面对真理的时刻',使不得一点儿自我哄骗、开脱、或宽容的,味道不好受。我宁恨毋悔。"

看到这段话,是很难过的,"要想写作而没有可能"并不是一句简单的话。然而世事如此,假设不得。

我们还是回头来看《围城》。

要说《围城》,真是中国小说中的独一份。有人说《围城》是沿着《儒林外史》这一路官场讽刺小说下来的,但到底写的是现代,里里外外都不同了,影响或许有,终究不是一回事。

回顾现代以来的作家,钱锺书与张爱玲,倒有许多共通之处。首先,两位都善于比喻,警句熟练得可以批发;其次,比喻写得高明,也正在于他们的眼光毒辣,能够看透许多人生的假面与荒唐,且善于联想;最后,他们都聪明,才气逼人,甚至有些刻薄。

不同之处,钱锺书的讽刺是明面上的,是给大家欢乐的,是喜剧的;张爱玲的讽刺则是暗暗的,不声不响的,呈现出一种"荒凉"的气氛。然而不管怎样,这两位的衣钵都难有继承。这样的写作实在太需要天分了,不是靠学便能会的。

另外,中国人向来不大幽默,新中国成立后,又总是苦大仇深,到了20世纪80年代,现代主义、后现代主义思潮袭来,许许多多新东西需要消化,作家们试验了一番,结了一些果子,也失掉了一些种子。

二

《围城》最大的特色,当然是讽刺。讽刺这种东西,是很需要语境的。只有在一个共同的语境中,讽刺才成为可能。比如,我听美国脱口秀,因为不明白他们的梗,光听见笑声起伏,自己却一头雾水。

所以,讽刺不仅仰赖创作者毒辣的目光和语言,还需要观众和读者能够懂得所讽刺的地方在哪里。换言之,讽刺发生作用,不仅要求观众,也需要讽刺对象的配合,如果被讽刺的对象已经消失,那讽刺也不复存焉。

看《围城》看得节节称赞,恨不得拍手,除了说明钱锺书写得好之外,也说明大半个世纪过去,《围城》里的中国与今天的中国,并未有什么变化。

下面随便抄一段方鸿渐去报馆里找工作的段落,事情很简单,但因为讽刺,每一个中国人看了都会扬起嘴角:

报馆分里外两大间,外间对门的写字桌畔,坐个年轻女人,翘起戴钻戒的无名指,在修染红指甲。有人推门进来,她头也不抬。在平时,鸿渐也许会诧异何以办公室里的人,指头上不染墨水而指甲上染红油,可是匆遽中无心及此,隔了柜脱帽问讯。她抬起头来,满脸庄严不可侵犯之色,仿佛前生吃了男人的亏,今生还蓄着戒心似的。她打量他一下,尖了红嘴唇向左一歪,又低头修指甲。鸿渐依照她嘴的指示,瞧见一个像火车站买票的小方洞,上写"传达",忙去一看,里面一个十六七岁的男孩子在理信。他唤起他注意道:"对不住,我要找总编辑王先生。"那孩子只管理他的信,随口答道:"他没有来。"他用最经济的口部肌肉运动说这四个字,恰够鸿渐听见而止,没多动一条神经,多用一丝声气。

引文中那句"她抬起头来,满脸庄严不可侵犯之色,仿佛前生吃了男人的亏,今生还蓄着戒心似的"写得真是太狠了,然而看了又大畅快,因为我们也时常有这样的遭遇。写那少年口部肌肉的运动,也非常到位。

这般的警句,书中到处都是。

比如，这句："对于丑人，细看是一种残忍——除非他是坏人，你要惩罚他。"

比如，这番对鄙视链的总结："在大学里，理科学生瞧不起文科学生，外国语文系学生瞧不起中国文学系学生，中国文学系学生瞧不起哲学系学生，哲学系学生瞧不起社会学系学生，社会学系学生瞧不起教育系学生，教育系学生没有谁可以给他们瞧不起了，只能瞧不起本系的先生。"

比如，关于人的缺点的比喻："一个人的缺点正像猴子的尾巴，猴子蹲在地面的时候，尾巴是看不见的，直到他向树上爬，就把后部供大众瞻仰，可是这红臀长尾巴本来就有，并非地位爬高了的新标识。"

每每看到这些地方，发笑、赞叹之外，没有别的话讲。这就是才气。

三

当然，除了在不断讽刺中获得喜剧效果，读这本书，于我另有一种感受：心累。

这心累，便是整本书的要旨。其中一重意思，即是人们常说的"围城"：外面的人想进去，里面的人想出来。

这个词语,很早便在书中出现了,是苏小姐客厅里发生的,关于婚姻的谈话。

慎明道:"关于Bertie结婚离婚的事,我也和他谈过。他引一句英国古话,说结婚仿佛金漆的鸟笼,笼子外面的鸟想住进去,笼内的鸟想飞出来;所以结而离,离而结,没有了局。"

苏小姐道:"法国也有这么一句话。不过,不说是鸟笼,说是被围困的城堡,城外的人想冲进去,城里的人想逃出来。鸿渐,是不是?"

小说后半段,方鸿渐果然走进了婚姻的围城。但这围城,当然不只是婚姻,事实上,人的许多愿望,都是围城。书中方鸿渐几人跑到内地做教师,最后发现学校里乌漆麻黑,失望而归,也是围城。所以,这似乎便是人生的真相了。夏志清说,《围城》是一部探讨人的孤立和彼此间无法沟通的小说。

我觉得,《围城》也是探讨人被生活网罗的小说。所以说,如果你还是个少年,对生活还有很多热烈的盼头,那这本书未免有些残酷,但你终于从学校里走出来,开始恋爱、求职、工作、结婚,把人生最重要的课题,全部经验了一回，那《围城》便真的向你打开了。

四

就阅读体验来说，读《围城》是很顺畅的，因为情节均匀，而且常常有新鲜感。算下来，故事的时间跨度有一年多。这一年多很重要，因为这本书写的是一种幻灭，或者说被生活网罗的过程，作者必须要带读者经历。

情节大致如下：

旅途（留学归来）—上海苏小姐的客厅（恋爱）—旅途（到内地教书）—三闾大学（办公室政治）—旅途（经香港回上海）—上海（婚姻生活）

三段旅途是过渡，三个地点则是人生状态的大改变。第一个地点是上海，方鸿渐经历了青春的爱恋，虽然失败，但整体感觉是明朗的；第二个地点是内地的三闾大学，经过一路曲折，方鸿渐越来越萎缩，成为一个"无用"的人，在大学里，经历各种办公室政治，最后被驱逐出境；第三个地点还是上海，琐屑的婚姻生活牢牢地抓住了方鸿渐。

小说写到最后，方鸿渐经历了爱情、工作和婚姻，精神世界却螺旋地下沉。

方鸿渐实在代表了许许多多的中国人,一方面受了新教育,渴望自由、独立,一方面又没有真本领,性格懦弱,缺乏行动力,很多事情被动着来,最后一步步逼紧,无处可逃。

所以,看这本书,笑着笑着,到最后,也免不了心里发怵,好好地思量起自己来。

杨苡：普通人的一生

读杨苡口述自传《一百年，许多人，许多事》，读得很投入，也很喜欢。个人记忆、家族往事、历史浮沉交叠在一起，亲切同时沉重。但要来写一篇文章，又觉得没有什么话可说。这是一个百岁老人的记忆，她的人生，能够读到这些，已经是一件颇幸运的事。

一

第一章《家族旧事》讲的是杨家的生活细节，它的败落，以及身处其中的种种人物，他们的遭遇。当然，也包括杨苡的童年。

说起杨家，总会从杨殿邦说起，他官至漕运总督，开辟了杨家的显赫时代。但那太久远了,杨苡自己也不甚了解。到了父亲这一辈,家业仍然昌盛,杨毓璋是中国银行首任行长。杨家不仅有钱,也有地位。

不过,杨苡出生几个月后,父亲就去世了。这是杨家没落的开端。此后,家中又有两次大变故:一是七叔动了父亲留下的钱去贩私盐,结果船翻了,钱也就没了;二是家中的钱都存在银行里,日本人打进来后,钱不作数,等于凭空蒸发了。加上战争,世界就此天翻地覆,何况一个杨家。

当然,这都是以后的事。杨苡在童年时期还是一个活脱脱的大小姐。她的母亲徐燕若是大姨太,生了三兄妹,大哥杨宪益、姐姐杨敏如,杨苡原名杨静如,是小妹。家族中,除了他们这一房,各种叔伯、兄弟姐妹,还有许许多多。书中专有一节《大排行,小排行》,介绍家人之间的关系。

这种旧式家庭,我以前并不怎么了解。小时候读过《家》,只关注年轻人的反抗,至于那些被抛在后面,缓慢落下,或骤然下坠的人,都成了背景。但杨苡在这本书里要讲的,就是这些人的故事。或者用她自己的话来说,是一出出悲剧。

娘,是正房太太,不到四十岁就守寡。虽是明媒正娶，但和父亲也谈不上有什么爱情。两个女儿，一个早早夭折，一个和她没有感情。她的生活里，除了打牌，没有别的内容。年纪轻轻，似乎就已经在等死了。

大公主，是娘的大女儿。从小太惯着了，坐黄包车上学都觉得辛苦，说不上就不上了。家里给她订婚，结了，后来不肯回去，就离了。在家里无聊，去燕京大学旁听，很有排场，还安排过接周作人演讲。与一个姓赵的学生同居，结了婚，又因用人挑拨，再次离婚。回来后，精神有点不对头。再后来，就基本疯了。

她的结局很惨。得了乳腺癌，用人对她不好，最后全身溃烂，疼死过去。据说最后叫了三天三夜。杨苡对这位大公主并不喜欢，但想来也是唏嘘，她从未成为一个真正的大人，在这样一种畸形的环境中，变得面目全非。

来凤，是家里的丫鬟。十来岁的时候从南方买来。来凤对杨苡很好，经常和她一起出去玩，看评剧，看变戏法。但她的遭遇也很悲惨，十三岁时被家里的厨子强暴，怀孕了，在下房里生产，血流了一地，最后被赶走。

这些事情，电视剧里演过不少。但是，杨苡讲述的口吻，如在面前，有体温，也更令人难过。

这整一章，写了姨太太、姑姑、姐妹，还有家里的用人。你会发现，大多数人都不得善终。这里面当然有时代的原因：旧生活瓦解，卡在中间的人，很容易折断。

除了大变动中的个人悲剧，这一章里还有很多旧时代的细节，也让人印象深刻。比如，她讲到小时候到街上看梅兰芳的原配王明华发丧，像游行一样，和尚队、尼姑队、银柳队……让人想起《一代宗师》里的那场葬礼。

还讲到她哥哥小时候的生活，那种男尊女卑的细节，也很有冲击力。首先，哥哥的早餐和其他人的不一样，是专门另做的。其次，他一起床，就有两个用人伺候，从吃饭到穿衣，什么都不会。但他也过得很苦闷，一方面，他想要什么就有什么，没有钱的概念；另一方面，他没有自由，整天关在家里，也没有朋友。

二

旧式大家族有一种腐朽的气息，年轻人肯定想走出去。

第二章写的是中西学校读书的经历。青葱年华，挺美好的。后面两章，时代和人生巨变交织在一起。抗战爆发，十九岁的她本来就想离家，就去昆明上西南联大了。

不过，她的联大生活，和我们平常看到的很多回忆联大的文章不一样。她当然也写到了一些同学和老师。比如,刚到昆明,她就住在沈从文隔壁,沈从文虽不是她课业上的老师,但给了她不少教诲。

但很快,她的人生走向就发生了变化。怀孕,结婚,人生整个换了颜色。再到中央大学继续学业,抗战胜利,去到南京。就到这里为止了,这后面,故事应该还有很多,不知道杨苡有没有讲,还是说,目前没有出出来,或许以后会出。不知道。

说起来,这本书好看。首先,是因为杨苡的经历确实丰富,有得讲。其次,当然也是因为她记忆力好,而且善于描摹场景,叙事充满细节。就像余斌老师在后记中指出的,她写蒋介石,写的是蒋介石视察女生宿舍的尴尬,而不是历史文本中常见的正面的或反面的蒋介石。写沈从文,写的是他一边讲话,身上的棉袄一边在漏棉絮,而不是作为老师的沈从文。

这都是杨苡的视角,拥有她独一无二的气质。她看一切都很平常,可能从小见得多了,心中有一份骄傲。她常常讲"好玩",好玩就是价值。

而且她极坦诚。在这本书中,她对一辈子的丈夫赵瑞蕻没有什么好话。她真正喜欢的是大李先生,然而时代阻隔,一别,就是一辈子。稀里糊涂就有了孩子,有了婚姻。20世纪40年代初,本来想要离婚的,最后还是没有下定决心，也就算了。一算，也是一辈子。

最后，余斌老师说，这是一个普通人的一生。然而，大家族的瓦解，知识青年的际遇，都和大时代密切相关。她讲的是自己的人生，只是这人生中充满了时代的碎片。

还好有了这本书，我们可以捡拾这些碎片。

安妮·埃尔诺：阶级、耻辱和记忆

一

1940年，安妮·埃尔诺出生于法国的一个工人阶级家庭。

她出生时，父母贷款开了一家卖食品的小店，后来又在小城伊沃托开了一家咖啡杂货店。

他们一直生活在工人阶级片区，父母的生活习惯、价值观都带着工人阶级特有的烙印。这些烙印是她在成长的过程中极力摆脱，却永远也无法清除的。

她在家附近的天主教学校接受教育，十八岁之前，一直没有离开过这里。

1958年夏天，她以辅导员的身份参加了一个夏令营，并在那里有了第一次性经历。这一充满屈辱和困惑的过程，多年后被她写入了《一个女孩的记忆》。

1959年，她考上了鲁昂小学教师师范学院，以"家务帮助"的形式去英国做交换生，之后又回到鲁昂大学攻读文学专业，并获得了奖学金。

1963年，她大学毕业。也是在那一年，她认识了菲利普·埃尔诺。是的，埃尔诺这个姓来自她的丈夫。这个男人和她一样支持左派观点，不过菲利普的家庭属于资产阶级的世界。在他的世界里，人们虽然算不上特别富有，但都接受过高等教育。安妮与她丈夫的成长经历，显然很不一样。

此后几年，她与菲利普结婚，生下了两个儿子。1967年，经过了几年的准备，她取得了中学教师资格证，正式进入了另一个阶级。然而，就在她当上教师后不久，父亲因心肌梗死去世。

1974年，她以自传体小说《空衣橱》出道。1977年和1981年，她又陆续出版了两本小说。

1983年，她改变了写作风格，出版了更具自传性的《一个男人的位置》。这本书在法国卖了五十万册，并获得了1984年勒诺多文学奖。

1987年，《一个女人的故事》出版。《男人》写的是她的父亲，《女人》写的则是母亲。这本书在法国也获得了四十五万册的销量。

此后多年,她一边教书,一边写作。出版了很多自传性的文学作品,开创了一种"介于文学、社会学和历史学之间"的写作风格。

2000年,退休后的她专心写作。

2008年,《悠悠岁月》在内容和形式上的创新,为她获得了杜拉斯文学奖。2019年,这本书的英文版还入围了国际布克奖。

安妮·埃尔诺的创作一直持续至今,已经八十几岁的她,2022年还出版了一本新作《年轻男人》。

在政治立场上,安妮·埃尔诺一直是一个坚定的左派。同时,她也是一个女权主义者,参与了不少社会活动。她的文学也一直是介入式的,她试图将社会、历史和个人记忆交织在一起,把自己作为一种民族志来书写。

之所以介绍埃尔诺的生平,是因为她的文学作品,几乎都来自她的生活。

《一个女孩的记忆》(2016)关于她高中毕业到大学之间的青春岁月,关于她的第一次性经历。

《羞耻》(1997)关于她十二岁时的成长经验。

《我走不出我的黑夜》(1997)关于她母亲的阿尔茨海默病。

《另一个女孩》（2011）关于家庭中的秘密——在她出生前就去世了的姐姐。

《年轻男人》（2022）则讲述了她与一个比她小三十岁的男人的关系。

她的笔下，常常探讨女性、欲望、耻辱等主题，当然，还有她对于阶级，对于不平等的关注。

安妮·埃尔诺把自己作为书写的对象，把个人经历充分地开垦。她的一切生活都可以转化为文学。

二

《一个男人的位置》和《一个女人的故事》分别出版于1983年和1987年，是她的第四和第五本书。

这两本书在形式上和之前的小说有所不同。它们的语言更为平实简单。在书中，安妮·埃尔诺呈现了父母的一生，以及她和父母的关系，还有一个工人阶级家庭的孩子成长经历中所面临的羞耻。

她以非常私密的口吻写作自己的记忆和经验，同时以一种社会学的视角来审视父母和她自己。

她的写作不是那种沉浸式的叙事。她一直处于一个遥远的位置，静静地、不带感情色彩地写下父亲、母亲的故事，然后，时不时停下来，对读者交代她现在的状态。

她的写作中永远有两个时间，打破了我们沉浸在一个时空中的可能。

《一个男人的位置》从父亲的死亡开始写起。她写父母，不是亲昵的、热烈的，相反，她的语言简短、疏离，不刻意抒情，有时候甚至有些残酷。

比如，她毫不避讳地写到父亲尸体散发出的臭味，"星期一那天，尸体开始散发气味。这是我从未闻到过的。开始时气味淡淡的，但越来越重，有点像被遗忘在花瓶里已经腐臭的水里的花所散发出的味道"。

比如，她写父亲去世后母亲并没有停下咖啡店的生意，"我死去的父亲躺在楼上，母亲仍在楼下继续卖她的茴香酒和红葡萄酒"。

比如，她写晚上她的丈夫来了，"我们就睡在家里唯一的一张双人床上，就是我父亲去世时躺的那张"。

她在书中回答了关于这样写的原因，她说，"没有抒情的回忆，也没有胜利者的嘲讽，中性的写作对我来说很自然"。

当然，这本书的内容，一方面是父亲的故事，一方面也是"我青春期时与他之间的距离"，一种阶级距离。

关于父亲，他一直生活在贫穷之中，十二岁就辍学，去工厂，去当兵，然后结婚，勉力开一家小店，试图让下一代过上更好的生活。他会为女儿的好成绩而骄傲，也会为女儿一直在读书不工作而羞愧。

他的生活充满劳作，很少享乐，对各种文化、娱乐符号一无所知，总是为大超市抢走了小店的生意而充满怒气。他害怕被看见，害怕自己走错了位置而尴尬。有一次，他拿着二等车票却上了一等车厢，虽然补了票，还是让他大大受挫。

他送女儿去读书，但是女儿在接受教育的过程中，反而离他越来越远。青春期的安妮·埃尔诺发现了自己身处底层阶级的事实，她对于父母的口音，对于他们大声说话的方式，都感到羞耻。她总躲在房间里温习功课、听唱片、阅读，只有吃饭时才下楼。

> 吃饭时大家都沉默无语。在家里，我脸上从无一丝笑容。我在"讥讽"。正是在这段时间，所有与我亲近的东西于我显得那么陌生。

她终于还是离开了这个阶层，并为自己身处这个阶层羞耻。但日后，她也会为自己的这份羞耻而羞耻。她怎么可以鄙视家人，怎么可以听从社会的规训，而让自己和成长岁月疏离开来?这让她更为痛苦。

"阶级背叛"几乎是每一个从底层家庭走出来的人,试图融入中层或上层社会时必然会感受到的拉扯。

这本书中的父女关系,和古尔纳《最后的礼物》中安娜和父亲阿巴斯的关系,几乎一致,两人的境遇、反应,也都很相像。可见,种族和阶级在很多时候都是重叠的,而贫穷在任何地方都是相似的。

读安妮·埃尔诺的书,也唤醒了我自己的一些记忆。我恰好也成长于工人阶级家庭,并且,也成长于一个变动的时代。巨大的城市化浪潮,把很多像我一样的人卷入了新的进程。许多人都面对着这样一组横亘在家庭和社会、过去和未来之间的矛盾。这种处境,好像只有在流动中的人才能感同身受,如果一直处于稳固的系统中,面对的就是另一种境遇。

看这本书,还让我想起读止庵《惜别》时的微妙感受。那本书写的是母亲去世后,止庵对母亲的追忆。书中记录了一个生活习惯:每天晚上,他们会一起看一部电影,并进行讨论。这种生活,在我看来完全难以想象,初读时,甚至会感到震惊。我从来没有见过这样的父母,这样的家庭。我的所有直接经验中,家庭都是亲昵和粗暴并存,交流是困难的,更多是无话可说。

世界的发展进程果然不一致。一本20世纪80年代出版的书,探讨的却是我们这一代人还能感同身受的议题。

《一个女人的故事》在主题上和《一个男人的位置》是一致的,写法也几乎一样,都是从他们去世之后写起,回顾他们的一生,反思自己和他们的关系。

书中的很多段落,中国读者可能都会有亲切的体会。

比如,埃尔诺婚后邀请母亲和他们一起住,但母亲住了几个月就受不了了。她受不了那种"寄人篱下"的感觉,回到了老家,回到了她的老顾客中间。

比如,对于中产阶级,母亲一面欣赏他们所接受的良好教育、他们的高雅气质以及他们的渊博知识,并且为自己的女儿能够成为他们中的一员而感到自豪,但同时她又担心这些彬彬有礼的背后会隐藏着对她的看不起。

这一切,在我的直接生活中,在我认识的长辈中,都太常见了。

安妮·埃尔诺的作品有一种亲密感,同时又有一种疏离感。这造成了一种奇妙的阅读感受,既在场,又不在场。她对自我的民族书写,赋予了私人经历更广泛的意义。

我想,读她的书,或许很容易激发起读者也动手写作的愿望。而事实也正是如此,我们每个人的生活都是值得书写的。

桑塔格:一个迷人又磨人的文化偶像

一

我很少读传记。但是我最近却接连读了两本厚厚的桑塔格传。

一本是美国人本杰明·莫泽写的《桑塔格传:人生与作品》,另一本是法国人贝阿特丽丝·穆斯利写的《智性与激情:苏珊·桑塔格传》。

同时,我还读了一本小小的《回忆苏珊·桑塔格》,作者是美国小说家西格丽德·努涅斯。

读这几本书大概花了一个月的时间。由于书太厚了,带不出去,我只好每天晚上读一两章。我是躺在床上读的,厚厚的书压在胸腔上,本身就宣示了一种重量。

为什么读这几本传记呢?

其实是个巧合。这几本书同时出版了。于是我就顺势读了。一边读,一边又把桑塔格的《反对阐释》找了出来,还有她的其他文集。我记得十多年前,我第一次在书店碰到桑塔格,封面上的她充满威严,《反对阐释》这个书名也让人肃然起敬。

但是,翻开之后我却一点也读不懂,我对她提到的内容一无所知。所以我又把书放了回去,但是我记住了这个名字。后来在很多很多地方,我再次遇到这个名字。再后来,我读了她的《论摄影》和两本日记,但我很难说自己对桑塔格有什么了解。她是"美国公众的良心",她的形象光辉夺目,好像所有人都和她很熟,但她到底是谁?

当然,我知道她是公共知识分子,也是小说家,和男人也和女人谈恋爱,被癌症找上三次终于在七十一岁离世……我还看过她和约翰·伯格的一场电视对谈,她总是清醒、锋利,不动声色又冷峻坚定。如果问知识分子应该是什么形象,苏珊·桑塔格就是答案。

所以,这里的"她到底是谁"意思是"她如何成为她",这也是传记作品的应有之义。这两本厚厚的传记,都在试图回答这个问题。

二

《智性与激情》并不是第一本关于桑塔格的传记。桑塔格还在世时（具体时间是1999年），卡尔·罗利森和莉萨·帕多克夫妇就出版了一本关于桑塔格的传记《铸就偶像》。那本书没有得到桑塔格的合作，她不喜欢有人在她还活着时就写她的传记。罗利森在书中公开她的性取向，更是让她勃然大怒。

按贝阿特丽丝·穆斯利的说法，《铸就偶像》"基本上完全以一个对桑塔格疏远甚至抱有恶意的小圈子和书刊报纸作为信息来源，它仅仅在丑闻上获得了成功"。

显然，这么说是不公允的。但可以看出，贝阿特丽丝·穆斯利对自己写的这本传记很有信心。因为加州大学洛杉矶分校收藏的"桑塔格档案"的公开，她比过去的传记作家拥有更多的材料。不过，这本传记还是没有得到桑塔格之子戴维的授权，甚至"朋友和家庭成员仍然极度守口如瓶"。

如果仅以资料的占有程度来说，本杰明·莫泽的《桑塔格传：人生与作品》要更加丰富。因为莫泽不仅获得了戴维的授权，得以查看所有公开的、非公开的桑塔格档案,还采访了将近六百位相关人员。这里可以补充一句,为什么加州大学洛杉矶分校会有详尽的桑塔格档案?答案是,这是他们花费一百一十万美元在2002年向桑塔格购买的。

这是成名作家获得收益的一种办法。虽然卖掉自己的档案很痛苦,但是据莫泽记录,这些收益可以帮助戴维在纽约搞定一套大平层公寓。而这是桑塔格愿意去做的。

好了,回到这本《智性与激情》。这本书开始写作于2010年,面向法国读者。如书名所示,作者力图在这本书中"勾勒出苏珊·桑塔格的智性旅程"。换句话说,她着重要写的是桑塔格的职业生涯,也就是作为作家的桑塔格,而不是苏·罗森布拉特。

苏·罗森布拉特是苏珊·桑塔格的原名,后来她改掉了这个有着明显犹太人印记的姓氏,使用了继父的姓"桑塔格"。可能正是因为这本书侧重于桑塔格的职业生涯,作者着重记录了桑塔格各个时期的阅读经验。在六岁时,桑塔格就读过爱伦·坡、莎士比亚、狄更斯、勃朗特姐妹、雨果和叔本华。上小学时,她已经在读理查德·哈利伯顿、约瑟夫·康拉德、简·奥斯汀、亨利·詹姆斯,以及《道林·格雷的画像》《王尔德戏剧集》《项狄传》《白痴》和《红字》。十二岁时,她办了一份半月刊《仙人掌快报》，内容包括文学评论、政局解析，以五美分的价格卖给朋友和邻居。高中时，她当上了学校刊物《拱廊》的主编。

她一直是个聪明、用功的学生，尽可能地博览群书，坚持写日记，有永不餍足的好奇心。当她考入芝加哥大学时，没有一个同学和老师不震惊于她的天才。

她在十九岁就获得了学位，并成为一名母亲。接着，她去哈佛求学，去牛津、巴黎，然后在离婚后回到纽约。正是在纽约，桑塔格找到了自己的事业和前景。

桑塔格的成名并不算晚，她1959年带着儿子和两个皮箱来到纽约时，还一文不名。但她在1963年就出版了第一本小说《恩主》。一年之后，她在《党派评论》上发表的《关于"坎普"的札记》让她一举成名。1966年出版的《反对阐释》更是让她成为纽约文化圈的新星。

然而，她的经济状况并不算好。1968年，她已经出版了三本书，但都销量不佳。《恩主》只卖了一千八百册，《反对阐释》是一万册多一点，《死亡匣子》也是一万多册。很长一段时间，虽然她在文化圈内享有名声，但她的书并不畅销。

在1972—1973年，《恩主》只卖出了二十七本，《死亡匣子》一本没卖，《河内行记》卖出了三十八本。

她主要的收入还是来自在报刊发表的文章与书评。四十一岁时,洛克菲勒基金会授予她一笔两万三千美元的奖金,让她的财务状况有所缓和。等到80年代,她的经济状况才真正好起来。那时,她已经有了国际名声。她的新任女友著名摄影师安妮·莱伯维茨也很有钱(据莫泽的说法,莱伯维茨为桑塔格花了八百万元)。不过,她仍然不算富有,否则就不需要在2002年的时候卖掉自己的档案和藏书了。

除了经济状况,关于桑塔格的职业生涯,作者还花了很大的篇幅来陈列桑塔格每一本书出版后评论界的反馈。这是莫泽的《桑塔格传》中较少关注的部分,也是很有价值的地方。不过,作者本人对这些作品,似乎并没有太多的看法。

总的来说,这本《智性与激情》的一大好处是,它基本上是按照桑塔格的人生阶段来叙述的,章节也分得很清楚。比如第一章是《童年时光》(1933年到1948年),第二章是《从加州大学伯克利分校到芝加哥大学》(1949年到1951年)。如果你想知道某一年桑塔格在做什么,那么,通过目录你很快就可以锁定目标,得到你想要的答案。就这一点来说,莫泽的《桑塔格传》就没这么清晰明了。

所以,如果你只是想了解桑塔格的人生经历,以及她的职业生涯，这本《智性与激情》已经很齐备了。

与此相对应，莫泽的那本更厚的《桑塔格传》看起来则更为私密。

三

《桑塔格传：人生与作品》是迄今为止唯一获得桑塔格之子授权的传记。本杰明·莫泽不仅遍览了桑塔格已经公开以及尚未公开的所有资料，同时他还采访了多位相关人士。

正是得益于大量的采访和档案的使用，很多桑塔格的生活细节，才第一次被如此细致地呈现出来。比如，她对父亲的想象（她的父亲在她五岁时死于中国），她和母亲的关系（有一点和张爱玲很像，苏珊视母亲为浪漫的女英雄，却永远得不到母亲的爱），以及她一生的各种恋情（很多之前不甚清楚的情人，都在这本书里恢复了姓名），她与朋友私下相处的模式，等等。

如果说这本书和《智性与激情》有什么不同的话，那就是作者不满足于写一个享誉全球的知识分子如何取得成功的故事。他把桑塔格视作一个分析对象，不是分析她的文学作品或评论文章，而是分析她的人格，她作为一个人的复杂性。

莫泽在这本书里试图抓住两个桑塔格：一个是万众瞩目的、作为隐喻的桑塔格；一个是藏在桑塔格体内的小孩，苏·罗森布拉特。

是的，这么说很有一种弗洛伊德的意味，而这本书确实是这么做的。桑塔格在作者的笔下，更像是一个病例。

关于她古怪的性格，她的施虐和受虐属性，作者是把她放在"酗酒家庭"的框架下加以理解的。他花了很多篇幅来讲述她的童年。她的童年没有父亲，甚至也没有母亲。母亲沉醉在往日的岁月里，把她和妹妹丢给保姆。并且，她的母亲酗酒。苏珊写道："我从来都并不真正是个小孩！"她恐惧被抛弃，"从很小的时候起，她便知道现实是令人失望的，是残酷的，是必须避免的事物"。

桑塔格是夺目的，她永远镇定自若，永远严肃博学，甚至她的形象本身，就有一种震慑力。她不信任摄影，拷问摄影，但也正是通过摄影，她建立了自己的公共形象。只是，在这个形象之下，还有一个她，一个不好相处的、充满性格缺陷的她。

拉什迪曾说，她真的是两面苏珊，好的苏珊和坏的苏珊的结合体：好的苏珊才华横溢、风趣、忠诚，而且相当大气；坏的苏珊简直就是一个恃强凌弱的怪物。

这里要问的问题是，我们要挖掘一个作家到多深呢？我们是否有权利把作家的生命看作一个病例？

不论如何，莫泽已经这么做了。他试图揭示出一个复杂的、真实的桑塔格，她如何对待母亲、妹妹，如何对待儿子，如何对待朋友和敌人，如何既热烈又冷酷，如何既浮夸又真实……当然，还有很多人都会谈到的，这本书对桑塔格的性事，也可以说是做了一番细致的调查。

总而言之，在这本书里，作者通过大量的采访和查找资料工作，梳理桑塔格的成长岁月，她的工作和性事，试图展示出一个充满内在张力的桑塔格。

四

与前面两本书不同，《回忆苏珊·桑塔格》很薄，只有一百多页，作者是美国作家西格丽德·努涅斯。

1976年，二十五岁的努涅斯被派给桑塔格做助手，随后又成了桑塔格儿子戴维的女友，并住进了桑塔格的家里，与苏珊和戴维开始了一段三人生活。

那个时候，苏珊·桑塔格正在接受化疗，和布罗茨基有一段短暂的恋情。

如果说前面两本厚厚的传记是帮助我们全览式地了解

桑塔格的人生,那么这本小书,倒是非常精准地让我们看到了桑塔格私下的状况。

可能因为努涅斯本人就是作家(她的第七部小说《我的朋友阿波罗》获得了2018年美国国家图书奖),所以她对桑塔格的观察和记忆有更多微妙的细节。并且,她对桑塔格的诸多行为,也敢于下判断。

她会说桑塔格拥有夸张的习性。"她喜欢的每一件艺术作品都是杰作,每一位感动过她的艺术家都是天才,每一个有过勇敢行为的男人或女人都是英雄,而且每一个拐角附近都会出现海伦或阿多尼斯。"

她会指出,桑塔格"一辈子都保持着一个学生的习气与气质……她不能一个人独处;她不削弱好奇心;她有强烈的英雄崇拜,还有她需要将尊敬的人当作偶像来崇拜;她40岁时患了癌症,却没有医保"。

但作者认为桑塔格并不是一个人们所认为的那种势利眼。"我的意思是她不相信一个人单单因为自己的出身,无论多么落后或贫穷,就一定会缺乏高贵的品质;她不是将人分为三六九等的势利眼……真正重要的是你有多聪明……如果你有品位且求知欲强,那么你都不必那么聪明。如果你雍容华贵,那你根本就不需要聪明。"

你还会看到一些细节,比如桑塔格永远热衷于教导他人，永远在给别人推荐书；比如她没有办法一个人待着，如果一个人吃饭她会受不了；比如对她来说一天看一本书并不是很高的目标；比如她对自然之美无动于衷，她喜欢城市，对她来说，艺术优于自然，就像城市优于乡村。当然，也像所有人都看出来的，她也认为桑塔格既是个施虐狂也是个受虐狂。

我想，如果你对于桑塔格丰富的恋情、性事，对她的人生经历没么大的兴趣，但想要一瞥那种权威文章之下的她是一个怎样的人，这本小书或许是个更好的选择。

当然，关于桑塔格，我们能做的最好的事，或许还是直接去读她的作品。

布劳提根：像诗一样

一

我很喜欢布劳提根的一张照片。

礼帽，长发，圆框眼镜，嘴上方的胡子，毛衣；柔软，自由，无拘无束，远离世界。一个标准的嬉皮士。

如果你还不知道他是谁，人们会对你说：这是一位诗人，一位小说家。

20世纪60年代，准确地说是1967年，他的第二本小说《在美国钓鳟鱼》在美国卖出了上百万册，他成为美国反主流文化的文学英雄，嬉皮一代的偶像。

不过，到了70年代末期，布劳提根就渐渐被读者遗忘了。他一直在写作，但再也没有回到往日的高峰。

1984年秋天,布劳提根用一杆枪结束了自己的生命。那时他四十九岁,刚刚搬到加州,独自居住在一栋老房子里。

他的女儿后来说,那时他的状态不好,很穷,经常酗酒。朋友发现他时,尸体已经腐烂。

一代文学偶像,就这样死在了自己手中。

回到开始。

1935年,布劳提根出生于华盛顿州塔科马市。他的父亲是一名胶合板厂的工人,母亲是一名餐厅服务员。他们的结合非常短暂,在布劳提根出生前八个月就彻底分居。

成长过程中,布劳提根有过好几任继父,但他一直不知道自己的亲生父亲是谁。他曾对女儿说,他见过两次父亲。一次是在一家理发店,他慢慢靠近那个据说是他父亲的男人,介绍了自己,那个男人给了他一块银币,让他去看电影。还有一次,他七岁,父亲来了,把车停在人行道附近,和他打了招呼,给了他五十美分。然后,他再也没有见过父亲。

不过,这一切到底是不是事实,也要打一个问号。布劳提根死后,他的姨妈通知了他的亲生父亲。那个老男人得知这个消息之后一脸困惑,他从来不知道自己还有一个儿子。

十岁时，他有了一个同母异父的妹妹。他、他妈妈、他继父，以及这个小妹妹，一家四口人住在尤金市第六大道的一家汽车旅馆。日子又破又穷。

他很早就开始写作，最早的作品是发表在高中校园报纸上的一首诗。那是1952年，他即将高中毕业。

他没有上大学。他不觉得上大学有什么用，当然，他也没有学费。他想成为诗人和小说家。他想去旧金山。但是并没有这么快。毕业后，布劳提根在尤金水果种植者协会工作。

这段时间，他状态不好，挨饿、没钱，经常在街道上徘徊。二十岁那一年，他做了一件奇怪的事——朝警察局的窗户丢石头。据说，前因是他让警察逮捕他，警察说他没有犯罪，所以他就朝警察局丢石头。结果，他被捕了，罚款二十五美元，监禁十天。在第七天，他被送往俄勒冈州立医院，确诊为偏执型精神分裂症和临床抑郁症。他在医院里待了三个月，接受了十二次电休克疗法治疗。

出院之后，他彻底离开了家，去往旧金山。写诗，不停地写诗。和琳达结婚。生了女儿。继续写诗。出版一本小说，然后是第二本（《在美国钓鳟鱼》）。成为偶像。写小说、诗。一本，又一本。然后离婚，然后再结婚。然后嬉皮士运动落幕了。人们似乎遗忘了他。

二

关于布劳提根,我知道的就是这些了。

下面,我们可以聊一聊他最著名的《在美国钓鳟鱼》。这是最困难的部分。这本书我看了好几遍。先是正着看了一遍,然后倒着看了一遍。看不明白,斜着又看一遍。还是稀里糊涂。于是我把它放进嘴巴里,但是它并不好吃,里面有沙子,所以我又把它吐出来,用熨斗将它烫平。它有森林的味道,有石头的味道,有锈味,但是不腥。这本书里满是鳟鱼,但是它不腥,我不知道这是怎么回事。

具体来说,这本书由四十七个短章组成。它们可以汇合在一起,也可以分开来看。它们是虚构的吗?但好像也有纪实的部分。

无论如何,这是一本小说。但它不是叙事的。或者说,它不是我们常见的那种叙事。没有情节。呈现场景、片段。没有完整的线索。没有结局。任何一场叙事都有一个终点,但《在美国钓鳟鱼》好像没有目的地。它与任何一种秩序无关。和观念无关。一些不相干的句子。没有目的的描述。一些隐喻。一些奇怪的联想。它有时候像一朵由棉花糖制成的云。有时候又像是一辆开在森林里的报废汽车。

最突出的是语言。语言拿他没辙，他玩语言。不过在这之外，你还是能有所感受：一种来源于底层的、平民的、粗犷的、森林和土地的，当然也是河流和湖泊的气质和声音。

但是，他无关阶级，无关等级，无关那些大词。它在世界和秩序之外。

第一篇《关于〈在美国钓鳟鱼〉的封面》好像是一篇说明文。介绍一张照片，照片拍摄于旧金山华盛顿广场富兰克林的雕像前，布劳提根和一位女性出现在相片里。

这里有一个好玩的指涉，在很后面，那篇名为《沙坑减去约翰·迪林杰等于什么?》的文章开头，是这么写的：我经常会回到《在美国钓鳟鱼》的封面。

在这里，《在美国钓鳟鱼》的封面指的是华盛顿广场那个地方，但是他不说我们总是回到华盛顿广场，或我们总是回到富兰克林的雕像前，他说，我们总是回到《在美国钓鳟鱼》的封面。这就是布劳提根会干的事。这本书里充满了这样的互相指涉。他喜欢将一些词语拔出原有的体系，就像把一棵白菜移植到另一块土地，或者直接种到房顶上去。

这里面,最显著的就是"在美国钓鳟鱼"了。第一次听到这句话,你会以为这是一个陈述句吗?我也是这么以为的。我甚至以为这是一本关于钓鳟鱼的散文作品。噢,这么说也没错,这本书里有很多内容,确实是他在1961年夏天,和妻子女儿一起去爱达荷州斯坦利湖区野营、钓鱼的经历。他写到了很多溪流(大梁溪、天堂溪、咸水溪、鲑鱼溪)以及在途中遇到的人与事。但这不是这本书的全部,它还包含很多其他的内容,一些短小的故事,回忆,像诗一样的短章。

在这里,"在美国钓鳟鱼"不再是一个陈述句,它千变万化,你可能不相信,"在美国钓鳟鱼"是一个人,是的,一个叫"在美国钓鳟鱼"的人。当然,他也不是一个人,他可能是很多人,不同的人,是拜伦,是酒鬼,是矮子——一个失去了双腿的中年人,一个住在窃贼家里的人。同时,它还可以是一个不知名的地方,是一家平价宾馆。

在这里,"在美国钓鳟鱼"已经失去了原本的意思。或者说,它被注入了更多意思。所以,有人看你在读这本书,走过来问你"朋友,这本《在美国钓鳟鱼》写了什么啊",你可能会疯掉。鬼知道他写了什么啊。

但是,我仍然喜欢其中的一些篇章。我喜欢那种莫名其妙的词语和意象的组合,一种生活中的小小变形。它甚至是忧伤的、浪漫的、童话的。噢,可怜的小布劳提根。

我喜欢《"酷爱"饮料成瘾者》这一篇。写的是一个童年朋友,他得了疝气,喜欢喝一种叫作"酷爱"的饮料。在结尾,作者写道:"他打开鸡舍的门,我们走进去。地上散落着翻得破破烂烂的漫画书,像是树下摔得稀烂的果子。角落里有一张旧床垫,旁边是四个一夸脱大小的瓶子。他捧着罐子走过去,小心翼翼地把四个瓶子灌满,不敢洒出一丁点儿。然后他把四个瓶盖都拧紧,准备开始一整天的享受。"

这里面有一种极致的温柔。

我还喜欢《大海,海上骑士》。这一篇很古怪。"我"在一个书店里读书,店主走了过来,问"我"想不想干那事。"我"还没有回答,店主就从门口拦住了一对男女,并把他们带了进来。"我"不知所措,躲到楼上的洗手间。等"我"出来的时候,那个女人脱光了躺在沙发上。然后"我们"就做了。然后女人走了。那个和她一起来的男人和她一起走了。然后店主过来,对"我"说,他会告诉"我"刚刚发生了什么。他说"我"是来自俄亥俄州的年轻共产主义分子,那个女人是一个画家,"我们"在世界各地相遇,"我们"经历了很多事,"我们"两个都没活过二十一岁。

你可以把这一切都看作"我"在读的内容，但也可以相信，这是真的。一次奇遇。

我还喜欢《在永恒之街钓鳟鱼》。这也是一段回忆。很长。关于"我"小时候给一个老女人做事。"我"帮她处理草坪，清理花园，给炉子劈柴，寻找一把1911年丢失的螺丝刀。有一天，"我"在她家的阁楼上发现了一个行李箱，在行李箱里发现了一本日记本，是一个叫阿朗索·哈根的钓鳟鱼日记，里面记录了他每一年钓鳟鱼的成果，比如1891年是这样的：钓鱼总共22，逃走总记239，每次钓鱼平均逃走10.8。他一共记录了七年，平均每次逃走13.9。

布劳提根喜欢在一段煞有介绍的叙事之后，才写出他真正想写的东西。这本书的最后一篇《蛋黄酱篇》也是如此。正文是一封信，一首诗，在附言里，他写道：抱歉我忘记给你寄蛋黄酱了。这好像才是他真正要说的话。我喜欢这个。

当然，我最喜欢的是《克利夫兰拆解厂》。克利夫兰拆解厂什么都有，各种旧货。"我"第一次去那，是因为"我"听说那在卖鳟鱼溪。是的，不是卖鳟鱼，是卖鳟鱼溪。这里的鳟鱼溪是按英寸卖的，每英尺六美元五十美分。鸟是用过的,每只三十五美分。鳟鱼是随小溪附赠的,可多可少。你可以随意参观,鳟鱼溪叠在一起,旁边是靠墙堆放的瀑布。对了,如果你买满十英尺的鳟鱼溪,昆虫也是免费赠送的。

你不觉得这太可爱了吗?对了,这个拆解厂,很容易让人想到他的另一本小说《在西瓜糖里》的遗忘工厂。那是一个温柔又哀伤的童话。

三

如果说《在美国钓鳟鱼》是一条河,不知道会流向哪里,那么《在西瓜糖里》则是一个主题乐园。我们可以置身其中,这里走走,那里坐坐。我们可以进去参观。

《在西瓜糖里》是一个童话。一则寓言。或者兼而有之。这里依然有数不清的隐喻,可以有各种解读。这里也有不像名字的名字——语言被重新擦亮,变得陌生而充满魔力。

如果你准备好了,那么,欢迎来到西瓜糖。

西瓜糖是一个地方。它的范围有多大,不可考。可能有一座城市那么大,或者一个村庄那么大,或者整个世界那么大。

这里有很多的河流，很多的桥，有森林，有西瓜田，远方也有小镇和城市。但我们生活的中心，是我的死。我的死在这里是一个名词，类似于一个公共社区。我们这些居民都住在我的死周围的屋棚里。

在我的死附近，还有一个鳟鱼养殖场，一个西瓜工厂（"我"的好哥们弗雷德就在西瓜工厂工作），再远一点，还有一个遗忘工厂。那里有很多被遗忘的东西。整个遗忘工厂一直往前延伸。没人知道它有多大。

在遗忘工厂附近，住着阴死鬼和他的同伙，不过现在，他们已经死了。

整个小说讲述了"我们"在我的死三天之内的生活。

第一天，"我"醒来，弗雷德来到"我"家，跟"我"说他发现了一个好东西，明天带"我"去看。然后，"我"写作。写这本书。据说，这是一百七十一年来人们写的第二十四本书。

接着，我们跟随叙事者的脚步，开始在我的死附近走动。我们会看到河里的两尊塑像，一尊是叙事者的母亲，一尊是一只蟋蟀。据说，蟋蟀雕像是在老虎时代制作的。至于老虎时代，我们等会儿再说。

傍晚，"我"到了我的死。我的死像是一个大房子，保琳负责做饭。吃完饭，"我"和大家说晚安，和保琳一起回到了她的屋棚。"我"正在和保琳恋爱。

这里有一个短章,写得很美。题目是《一次爱,一阵风》。

> 我们久久地、缓缓地做爱。一阵风吹来,窗户轻轻颤动,糖在风中干裂。
> 我喜欢保琳的身体,她说她也喜欢我的,我们不知道该说什么。
> 风突然停了。保琳说:"那是什么?"
> "是风。"

然后,"我们"讨论老虎。"我"去河边散步。再然后,就是新的一天。具体来说,是周三,因为这一天的太阳是灰色的。对了,我忘了介绍,在西瓜糖里,一周七天,每一天的太阳都不一样。其中周四最奇怪,周四是黑色的,并且没有声音。在周四种出来的西瓜,你切它时,也不发出任何声音。

我刚刚说了,这个故事总共只有三天。现在已经讲完一天。第二天,也仍然是这样平静的日常。读下去,我们会对我的死有更多了解。比如说前面提到的老虎时代。在西瓜糖里,以前是有老虎的。最后一只老虎被烧死的地方,后来建成了鳟鱼养殖场。

在"我"小的时候,曾经见到过老虎。那一天"我"正在吃早餐,老虎来了。它们咬死了父亲,然后咬死了母亲。它们对"我"说,不要怕,它们不伤害孩子。它们还说,它们和我们说一样的语言,它们吃人,是被逼无奈。后来,它们一边吃"我"父母的尸体,一边帮我算算术。再然后,我成为孤儿。住到了我的死。

在这里,老虎到底代表了什么,可以有很多种解读。另一个种族?一段消失的文明?

非常神秘。作者什么也没有提供,只有靠你自己去想象。

除了老虎时代,第二天的夜晚,"我"做了一个很长的梦,梦到了关于阴死鬼和他的同伙的往事。阴死鬼本来也住在我的死,后来搬到了遗忘工厂。他和一伙人(大概十二个人)用遗忘工厂挖出来的东西酿威士忌。据说,这些人总是有点神经质,经常谈一些好人听不懂或不想懂的事。

阴死鬼是查理的哥哥,在我的死很有权威。阴死鬼有一次和查理打了一架。他说:"这地方正在发臭,这根本不是我的死,这只是你虚构出来的假象。"

他还说:"老虎是我的死的意义所在,你们杀死了老虎，我的死就随之消失了，你们自那以后就像一群蠢货一样生活在这里。"

这又是什么意思？作者当然没有透露。

之后，有一天，阴死鬼和他的团伙来到我的死，说现在就要把我的死带回来。然后他们一起割掉了大拇指，割掉了耳朵……慢慢杀死了自己。他说这就是我的死。

最后，阴死鬼和他的团伙的尸体就像老虎，被浇上西瓜鳟鱼油，和他们的小屋一起烧掉了。

基本上第二章讲的就是这些事。还有第三章，是另外一场死亡。"我"的前女友玛格丽特在家门口的苹果树上吊死了。她以前也经常去遗忘工厂，和"我们"有一点不一样。

好了，以上就是《在西瓜糖里》的大致故事。当然，还有很多具体的细节，那些闪光的设定和比喻，没有办法一一说给你听，只有等你自己去看。

最后，我们还是需要聊一聊这个故事在讲什么。朱岳老师在书后的导读里猜测，我的死可能是一家孤儿院。叙事者"我"就是在父母死后去到了我的死。

不过，我的感觉，我的死可能是一个末日之后的基地。一个罩着玻璃的水晶球。

读这本书，我总有一种末日乐园的感觉。在童真背后，感到一种绝望。

整个故事，虽然平静、温柔，充满许多祥和的光，但那种安静，缺乏生机。生活在我的死的我们，好像是被注射了某种药物的人，心中平和，没有愤怒和困惑，过着循环往复的田园生活。像是假的人。

相反，阴死鬼在遗忘工厂里挖掘，他们或许发现了什么，他们没有遗忘。但终于无法忍受这样的日子，真正地死了。玛格丽特也是。

那么，我的死，是不是另外一种死？一种行尸走肉的死？一种虽然美好但却空洞的死？这么美好的童话世界，或许只是一种粉饰？

不要和作家交朋友,尤其是海明威

《整个巴黎属于我》是一本围绕海明威早期巴黎岁月展开的传记——或者说,八卦。没办法,我们都爱八卦。八卦到深处,也就成了传记。

不得不说,这位名为莱斯利·M.M.布鲁姆的作者,真真是一位讲故事的高手。他所掌握的材料之丰富,令人咂舌。当然,更关键的是,他竟然可以如此生动流畅地将它们组织起来。

这本书动摇了《流动的盛宴》中海明威为自己塑造的神话。在那本书中,海明威是一位充满抱负的天才作家,他贫穷,一文不名,但是没关系,那些穷日子闪闪发光,流光溢彩。到了《整个巴黎属于我》,海明威依然是一位充满抱负的天才作家,但同时,他也是一个糟糕的丈夫,不可靠的朋友。他刻薄、反复、自大、不忠，背叛了几乎所有于他有恩的人，毫不回头地走向了成为名流的康庄大道。

在海明威的世界里，第一重要的是写作，同等重要的，还包括名声和金钱。这本书的焦点不是海明威的才华，而是他如何走向成功。作者通过无数细节向我们展现了海明威如何从一个穷小子，摇身一变，成为美国现代文学的中心人物的故事。这其中，最重要的事件，就是《太阳照常升起》的出版。

而围绕这本书的出版，又牵出众多人物。

首先是书中人物的原型。作为一个隔了几乎百年的国外读者，我根本不知道这本书里的各个人物有对得上名字的原型，也不知道书中的故事竟然基本属实。

这牵扯出一个关于作家的伦理问题：作家将身边的朋友全部编排进小说，对这些朋友来说，公平吗？

这本小说的灵感，来自1925年，海明威和一帮朋友去西班牙潘普洛纳参加奔牛节的经过。这帮朋友的关系十分复杂，中心人物是一位夫人，有几个男人围绕在她周围，一个是她的正牌男友，一个是和她有过一段关系的情人，一个是海明威（他和这位夫人也关系暧昧）。这一行还有海明威的妻子哈德莉，以及另外的朋友。总之，在为期一周的奔牛节上,发生了许多事情,一方面是嘉年华式的狂欢,一日一日的宿醉;一方面是几个人之间的对抗、冒犯、紧张的两性关系。

这场奔牛节的旅程,成为了《太阳照常升起》的核心部分。在书中,他对这些朋友的形象进行了艺术加工,在某些层面上,他们变得更加堕落和极端,但大体上,只要是当时巴黎文艺圈中的人,一眼就可以看出这些人都是谁。这也使得朋友们在读到这本小说后,极为震惊,他们不敢相信,海明威就这样将他们卖了,而且卖得一干二净。

其次,就是海明威的文学前辈,他的导师和领路人。这里面,最重要的当然就是舍伍德·安德森以及斯坦因。是舍伍德·安德森为海明威疏通了关系,将他送进了巴黎左岸文化圈的中心;是斯坦因教给了海明威很多东西,让他在巴黎立足。

不过,很快,他和他们一一反目。其中,海明威对舍伍德·安德森尤其残忍,甚至专门写了一本书去讽刺他。海明威不怕和任何人闹翻,在情感上伤害这些老朋友,不会使他有任何负疚感。

最后,就是他的妻子哈德莉了。这位与他共患难的糟糠之妻,在他即将飞黄腾达之时被抛弃了。就像菲茨杰拉德日后说的那样,每写出一部大书,海明威就要换一任妻子。虽然在《流动的盛宴》中,他承认了自己的出轨,但他将大部分的责任都甩到了宝琳身上。在晚年,他对哈德莉表达了由衷的赞美,并且心怀愧疚。但当时,他残忍而无情。

海明威是一个怎样的人呢?

他出生于美国中产的清教徒家庭,他对成功有某种根深蒂固的渴望,对名声与财富也一样,但同时,他又鄙视富人,认为他们空洞无聊。他无时无刻不在意自己的男子气概,但他似乎并不会真正关心任何人。如果说有谁是真正的以自我为中心,海明威可以算一个。

当然,他努力工作,充满才华,但另一面,他也恃才傲物,狂妄自大。在他还没有写出任何东西的时候,他就已经确定自己会成为美国作家中的重要一员,甚至,他认为自己会远远超出自己的同辈。当然,前辈们,也会被他一个个打倒。你也不知道他哪里来的自信,但或许,这种自信正是成功人士的某种共同特征。并且,最终,他做到了这一切。

即使在他的那个时代,海明威引起的反应就是极端的,人们对他的感情要么是爱,要么是恨,很少有中间地带。但即使是那些与他反目的朋友,也不得不承认他的才华与成就。

当然,真实的海明威肯定比这本书所呈现的还要复杂。

最终,我们读这本书并不会抵消《太阳照常升起》的价值,或许,也不会帮助我们更好地理解它。但这仍然是一本好看的书,一个好故事。它教给我们一个简单的道理:不要和作家交朋友,尤其是海明威。

多元世界的可能

特德·姜:科幻小说的荣光

一

特德·姜是一位神奇的科幻作家。出道三十年,仅仅发表了十七个短篇。更神奇的是,仅靠这十几个短篇,他就已经包揽了几乎所有重要的科幻奖项。

要知道,在小说史上以短篇闻名的作家本就不多。科幻领域内,作家们更是热衷以大部头来奠定自己的地位。只写短篇小说就获得如此成就的,可能也就特德·姜一人了。

不过,按照他自己的话说,倒不是不想写长篇,而是写不了。他说:"长篇小说最适合以角色为核心,讲述长时段的故事;而短篇小说则以灵感为核心。"

而他擅长的，正是后者。

他的小说不会构架复杂的人物关系网，也没有跌宕起伏的情节冲突，往往只生发于一个想法。特德·姜厉害之处在于他会悉心照料这些想法，而不是通过大而无当的故事，转移焦点。

他的小说展示的正是这些想法（科技）发生之后所带来的变化。这变化往往并不会危及人类存亡，引发世界大战，却可能会改变人的情感、思维、记忆的状态。

而这一切并不仅仅是脑洞。它们关乎人最本质的一些命题，比如自由意志，比如爱。

二

特德·姜写得很慢。所以，如果你想读完他的所有作品，只需要读完《你一生的故事》和《呼吸》就可以了。幸运的是，这两本书都出了中文版。

《你一生的故事》与外星人有关，不过这里并没有战争。这种被称为"七肢桶"的外星生物躯干呈桶状，七个肢体和七只眼睛均匀分布周身。他们的意识里不分前后左右，没有开始，也没有结束。或者说，一切从一开始就已经结束了。

人类的思维方式是线性的，热衷于因果链条，但"七肢桶"不同，他们可以直接看到"目的"。对于"七肢桶"来说，似乎没有什么自由意志，因为一切行为都已经预定。

在小说中，主人公的任务是和外星人沟通，学习他们的语言。后来，外星人走了。没人知道他们为什么来，也没人知道他们为什么走。但对主人公来说，有一些东西改变了，她习得了外星人的文字，也获得了外星人的思维方式。简而言之便是："一瞥之下，过去与未来轰轰然同时并至。"

于是，小说提出了一个问题：如果一开始就能看到结局，你还会做相同的选择吗？

在这篇小说里，主人公已经知道了丈夫未来会离开她，女儿会在一次登山过程中意外身亡，但她仍然拥抱了这样的人生。"从一开始我就知道结局，我选定了自己要走的路，也就是未来的必经之路。"

特德·姜似乎很有一点宿命论的味道，但是他不是消极的。即使一切是预定的，那也只有你去实践了，才真正算数。就算已经预知了终点，也要充分体验每一个瞬间。

《你一生的故事》借用外星人的到来，引用语言学的知识，讲了一个有关自由意志、人生与爱的故事。主题与此相似的,还有一篇《商人与炼金术士之门》。

在这篇小说里,特德·姜模仿了《一千零一夜》的讲述方式,小说由三个故事嵌套而成。

故事里,核心的科技是一扇可以穿越时空的门。显然,穿越时空早已经被写滥了,但这篇小说仍然会给人带来惊奇,因为特德·姜没有写一个穿越时间而改变了过去的故事,也没有写穿越了时间却什么都没有改变的悲剧,而是写了一个穿越时间,什么也没有改变,却并不让人感到悲伤的故事。

这一思想其实和《你一生的故事》一脉相承,即使什么都不能改变,该发生的会发生,我们在此间完成了自己。这仍然是有价值,有意义的。

三

特德·姜的故事总是会给人带来惊异感。这种惊异当然来源于各种不可思议的设定,但很容易被忽视的是他沉着的叙事节奏。

特德·姜的小说很像是一个个实验记录文本。每一天记录下观测的数据,一点一点地推进,最后得出实验结果。只不过,这里不是真实的科学实验,而是思想实验。

《巴比伦塔》是特德·姜发表的第一篇小说。它几乎不像个科幻小说。

故事发生在古巴比伦，人们经过两个世纪的努力，建起了一座通天塔。如果你要从塔底走到塔顶，需花费一个半月的时间。如果你还驮负重物，则需要走四个月。

希拉鲁姆是小说的主角，他是一个矿工，目前塔已经修到天顶，他和他的团队受命上塔，凿开天顶，去看看上面是不是天堂。就像我刚才说的，在这篇小说里，有一个巨大的惊异在结尾等着我们，但正是前面扎实的叙事，让一切变得可信，造成了最后惊异的效果。

在小说里，特德·姜细致描绘了希拉鲁姆一行人登塔的过程，一天、两天、一个月，他们眼前的景象一点点在变化，他们会遇到一辈子都生活在塔中的人，会发现白昼的天光变成从下向上照耀，最终，他们会发现天的顶端就像一片白茫茫的大平原。

在这篇小说里，如果没有一点点的登顶过程，就不会有最后希拉鲁姆发现突破天顶的震惊。甚至，你可以感觉到，描写登塔的过程，本身就是作者的乐趣。事实上，在很多篇小说里，特德·姜都像做实验一样，通过时间刻度，来观察情境中发生的变化。

在《领悟》中，人们发明了一种了不得的药剂，主人公服用了它，一点点感受到自己的智商、身体素质都在发生巨大的提升——他正在成为超人。有意思的是，小说写的不是一个超人要去拯救世界，而是一个人成为超人的过程：他的记忆力发生变化，他对身体的控制力的变化……这些逐步变化的过程，本身就是小说的乐趣。

在《软件体的生命周期》中，作者更是不厌其烦地用了许多"一年后"这样的词汇作为章节的开头。这是一篇关于人造数码体产生思想，以及人与人造物的情感的故事。这个故事的时间跨度非常之长。作者需要这么多的"观测时间"，来更丰富细致地描述数码体产生思想的变化。

而对这一变化的描述，本身就是小说的目的。

就像特德·姜在一次采访中所说：

> 我认为科幻本质上是一种后工业革命时代的叙事。一些文学评论家总结说，那些传统的善恶之争的故事总是遵循这样的模式：世界很美好，邪恶入侵，英雄们奋战，最终击败邪恶，于是世界又重新变得美好了。如那些评论家所说，本质上这是一种保守的叙事，因为它总是倾向于让世界维持现状。这也是犯罪小说的常见模式——秩序首先被破坏，但最终恢复。
>
> 科幻小说提供了一种完全不同的叙事：一开始是

我们熟知的世界，接着新发明或者新技术带来了变化和混乱。在故事结尾，世界被永久地改变了，永远不会回到本来的样子。因此，这种故事模式是积极的，它暗含的信息并不是我们应该维持现状，而是改变不可避免。新发明或者新技术的影响——不管是好的还是坏的——都不可避免，我们必须去面对。

特德·姜的小说，在人物塑造上几乎没有任何努力，读他的小说，你可能不会记得任何人物。但他无与伦比的想象力和精致的控制力，都让人兴奋并折服。他给读者带来的快感不是情感共鸣，或者情节驱动所造成的兴奋，而是一种思辨的快乐。他总是描绘变化，引导读者去面对不同的意见和声音。等到小说结束，你的脑子里还会留下嗡嗡的回声。而对于这些声音，你必须回应。

失落的故乡
——读《海风中失落的血色馈赠》

一

去景德镇的旅途,我往背包里装了两本书。

一本是杰夫·戴尔的《懒人瑜伽》,这是他的一本游记,由许多文章集合而成,我已经看了几篇,迟迟没有看完。我想,旅途中很适合读关于旅途的文字,就把它带上了。

另外一本是《海风中失落的血色馈赠》,这是一本短篇小说集,作者是加拿大作家阿利斯泰尔·麦克劳德。我很早就听说过这本书,却一直没有打开来看。它就躺在我的书架上,和其他的"短经典"作品摆在一起。

我不肯只带一本书上路。在书架前逡巡了一会,就把这本书也装进了背包。它很薄,很适合晃荡的火车(好吧,现在的高铁其实不晃了),也不占地方。而且,我一直很好奇,这本书到底写了什么,为什么总是听到别人谈论它,为什么它的评分这么高?

或许是因为心中的疑问,一上火车,我就拿出了《海风中失落的血色馈赠》。《懒人瑜伽》一直躺在背包的最底层,直到回程,直到现在,它又回归到书架上,我还是没有把它读完。它需要等待下一次外出,或者一个百无聊赖的夜晚。不急。

二

那么,《海风中失落的血色馈赠》到底写了什么?

火车还没有发动。我翻开这本书的扉页,跳过王安忆的总序,进入了第一篇小说《秋》。

麦克劳德的语言充满细节,有一种旧时代的典雅和耐心。就连这个故事本身,也有一种19世纪的味道。

这篇小说写的是一个卖马的故事。在荒凉贫穷的海岛上,外出打工的父亲终于回到家中,母亲要求父亲将家中的老马卖了,换点余钱。这匹马跟着父亲,跟着全家经过了很多时间。但这个时候,他们没有办法给它养老,他们什么也做不了,只能承受这一切,承受一场又一场暴雨。

这里似乎没有太多别的东西,只有穷,如此醒目地矗立在故事中间。在匮乏中,要剔除所有的柔情,成为一个寒冷、坚硬的人。

《秋》使用的是童年视角,作者用一种低矮的、局限的视角,让我们忽然看见了世界的残酷与悲伤:"我就感觉世上所有想象中最坏的事情全部降临了。"

三

《黑暗茫茫》跟着《秋》,就像是一个续集。主人公依然有许多兄弟姐妹,家里依然很穷。不同的是,主人公不是十四岁,而是十八岁了。站在成年的关口,他需要做更大的选择。

《黑暗茫茫》是一个关于离开的故事。

这本书里,离开与留下,现代与传统,一直是贯穿始终的核心。离开没有前途的故乡,去外地闯荡。这是从巴尔扎克开始,就一直在写的故事了。这是所有现代世界,都曾经面临,或正在面临的抉择。

一代代年轻人离开家乡与亲人,去用掉自由,去建造自身。

余华也写过一篇《十八岁出门远行》。不过那是一篇充满隐喻和寓言气质的小说，和这里的十八岁，不在同一个平面上。这篇小说建立在一个滚动的球面上。读到这一篇，我好像忽然知道了这本小说集产生热烈反响的原因。

这里，可能有一个时差。我们又晚了几十年，一大批读者，仍然可以从麦克劳德的布雷顿角中读到自己的处境。他写的是那么遥远、没有人知道具体位置的寒冷岛屿，但是，那些故事里的人，又何尝不是我们身边的人？我们才在电视里看到他们（《漫长的季节》）。

四

写到这里，有必要介绍一下作者和这些小说的背景。

麦克劳德是个低产的作家，一生只出版了三本书。《海风中失落的血色馈赠》是他的第一本作品，出版于1976年。这时候他四十岁，在大学里教书，偶尔回到老家布雷顿角，在那里写作。

《海风中失落的血色馈赠》中的所有故事，都关于这个遥远的海岛。它是麦克劳德小说的中心，也是他生命的中心。

布雷顿角是个由矿工家庭组建的小镇,曾经拥有不少矿物。镇民多是苏格兰移民,早在两百年前,就来到这海岛。但是,故事发生时,这个地方已经不再是充满希望的新大陆,而是被遗忘的角落,在所有世界的边缘——矿场已经荒废,所有人都需要另谋出路——一个失落的、隔绝的,摇晃着快要倾倒,却又无比坚韧的地方。

从父亲那一代,这里就开始没落。在《黑暗茫茫》中,父亲是没有走掉的人。祖母曾经希望父亲可以走出去,她说,"这里的人生算什么人生",这是一个没有希望的地方。但是祖父却持相反意见,他说,"别忘记回家""否则你永远会觉得缺了什么"。

到了主人公这一代,他的父母,已经没有明确的意见。他们知道这里没有什么活计了,孩子只能自己去闯荡。反而,在小说的尾端,这个十八岁的少年,这个一直想要逃离,想要走进更广大世界的少年,忽然有了一个顿悟时刻。

他忽然发现自己其实永远也无法离开,因为,这就是他的生命,他的来历。这里面有一种宿命论的悲哀,但也有一种深厚的,哪怕充满痛苦的温暖和归宿。这是那种漂泊的无根的人,根本无从体会的。

我在这个故事里,也确认出了我自己。

五

火车开得很快,快得已经不像火车。是的,它现在叫高铁。一种新的交通工具,虽然仍然行进在铁轨上,但是,它所运载的旅客已经发生了巨大变化。那种伴随着溽热和尿骚味的旅程,终于成为过去。可有时候,你还会怀念它,那里面晃荡着的,是一种若即若离的你自己的本来面目。

在强光之下,我们先跳过《海风中失落的血色馈赠》这一篇,来看《回乡》。我觉得,这一篇或许又可以直接当作《黑暗茫茫》的后续来看。

回乡。这是我们很熟悉的文学主题,鲁迅写出了最著名的《故乡》,我们都读过。那篇小说,开宗立派,为中国读者建立了一种关于离开故乡的原初记忆。没错,鲁迅正是现代意义上,离开家乡、涌入城市的第一代人;是割断和土地、宗族的关系,去拥抱未知、建设自我的第一代人。

此刻,我们或许已经站立在这一大转变时期的末尾。那些严厉的自省可以放在一边,关于未来的想象已经变成了现实,好的,坏的,都已经有了形状。于是,麦克劳德的故事反而比鲁迅更使我们亲近,是的,就像毕飞宇说的,鲁迅的这篇小说体温太低了。在《故乡》中,一个中年男人回家变卖家产,他对于童年的故乡有些许留恋,但对于现在的这个故乡,"我只觉得我四面有看不见的高墙,将我隔成孤身,使我非常气闷"。

在鲁迅这里,离开是一种必然,哪怕有代价,也是在所不惜的。但是在《回乡》,在麦克劳德的笔下,温情更多,眷恋更多,故乡是好的,只是我留不住了。相反,这里面更多的是内疚,一种类似于安妮·埃尔诺的阶级背叛。当然,这里更加复杂一些,还连接着传统,连接着自然,连接着人的本来面目。

不像鲁迅那样决绝,麦克劳德左右摇摆,举棋不定。他知道出走的人,是再也回不去了。但是,借由小说中父亲之口,他仍要说,"有些事情成了你的一部分,不是那么容易换的"。

《回乡》仍然是第一人称叙事,叙事者是一个十岁的孩子。这是他第一次和父母回到老家。对于孩子来说,这就像是一次难得的假期。一切都是新鲜的,而且因为是乡下,可以撤掉所有不必要的保护、屏障,孩子本来就热爱自然,这样他们变得更加自由,也更加高兴。

但,在孩子的视角里,还是看得见父亲的挣扎。对孩子来说，离开是自然的，回来只是旅程。对于父亲来说，再回来，一切物是人非，不免有一种内疚之感。

这是父亲对于"根"，对于故乡，对于传统的乡愁。然而，对于孩子来说，这些事情，恐怕已经不成为他的一部分了。

六

在其他的故事里，关于离开和留下的拉扯，依然存在。作者本人似乎也有这样一种内疚感。

离开了这片土地，与过去、与家庭断裂，是有痛感的。他写的正是这种痛。

同时，他也写了另外一种选择，不出去，不离开，继承父亲的船，承担责任，在海风中接续传统和血脉。

在最后一篇中，身患癌症的主人公，回到了岛上，回到了故乡。这里是归宿，是最温暖、最有安全感的地方。即使这里贫瘠，即使这里什么都没有，但这里有我们的过去，有家人。那么，这里就有一种永远的召唤。

说到这里，我很可以理解，这本书受到中国读者欢迎的缘由。这些故事，恰恰在这个时间，来到了我们面前。

刚刚看完的《漫长的季节》，王响和儿子之间的矛盾，和这本集子中的故事，不是很像吗？甚至，父母的配置，与孩子的关系，都很像。故事中这些苏格兰、爱尔兰人后裔，也和中国人一样看重家庭。

或许，当城市化更进一步，当家庭一再解体，当传统逐渐凋零，这些故事，也就失去了讲述的对象。

那些稍纵即逝的思绪
——读《都柏林人》

《都柏林人》是乔伊斯二十二岁时的作品,一本短篇小说集,收录了十五篇小说。和一般短篇小说集不同,这本书并非简单的作品集合,而是一个精心策划的有机整体。

《都柏林人》出版五年之后,远在美国的舍伍德·安德森出版了《小城畸人》,那是一本由二十五部短篇小说构成的集子,所有的故事都发生在美国俄亥俄州一个叫温士堡的小镇上。

相似的结构被很多作家使用过,奈保尔的《米格尔街》也是如此。

不管是乔伊斯、安德森,还是奈保尔,这么做的理由大体一致，通过互相关联又独立的短篇小说来捕捉一个地方的生活和精神状态。

正如乔伊斯给出版人所写的信里讲的那样，他要为爱尔兰作一"精神史"。

翻开这本书，你很快就会发现，虽然每篇的人物各不相同，但故事的主人公慢慢从孩子变成了少年，转而进入青年、中年，如乔伊斯自己所讲的，他试图通过"童年、少年、成年以及社会生活"这样的顺序来全方位地展示爱尔兰社会的精神症结。

谈《都柏林人》，必然要谈这本书对都柏林人"瘫痪"和麻木的精神状态的表现，就像一谈到鲁迅，就必然会讲到他是如何通过作品揭露民族劣根性的。

虽然话没有错，但好的作品，不仅如此而已，每一篇小说都有更广阔的空间，非要用一个纲领将它们整齐列队的话，会失掉很多有趣的东西。

乔伊斯的笔下并非都是讽刺，还有很多温情和敏感。我以为，正是这些东西，让作品跨越了时空，仍然能够感动我们。

一

《阿拉比》是备受推崇的一篇小说。它不长，写的是一个情窦初开的少年丰富而敏感的内心。

故事的主人公对朋友的姐姐产生了好感，总是偷偷注视着她的一举一动。"她出门走到台阶上时，我的心便急促地跳动。""除了偶尔随便打个招呼，我从未跟她说过话，然而她的名字总使愚蠢的我热血沸腾。"

有一天，她终于和"我"说话了，她问"我"去不去阿拉比，那是一个非常壮观的市场，她说她非常想去，但是因为要去修道院静修，去不了。于是"我"答应她，假如自己去，一定给她带点礼物。

星期六一早，"我"就提醒姑父，晚上要去阿拉比市场。姑父说好，但是他很明显忘掉了，喝酒到很晚才回来。我们的主人公焦急地等待着，"攥紧拳头在屋里踱来踱去"。

他终于等到了姑父，攥着姑父给的一枚两先令的硬币出发了。等他到了市场，大部分商铺都已经关门，他落寞地走在市场内，什么也没有买成。

这篇小说将少年的爱慕之情，以及欣喜、焦急和失望描摹得淋漓尽致，任何一个人都会在阅读中，想起自己的少年时光，那些珍贵的、发光的、脆弱的情感。

二

《伊芙琳》很短，主人公是一个十九岁的女孩，她正面临人生中也许最重大的选择。长久以来，她生活在水深火热的家庭之中，自母亲死后，她就再无幸福可言，不仅承担所有的家务，还需要赚钱养家，并随时可能遭受父亲的暴力威胁，每天过得胆战心惊。

现在，她的男朋友将要娶她，带她远离这里，去布宜诺斯艾利斯。她回忆着过往的种种，"她有权利获得幸福"，她要逃走。

最后，在登船之际，她放弃了。"全世界的海洋在她的心中翻腾激荡。"

乔伊斯没有写出伊芙琳的内心活动，我们不知道她是怎么想的，为什么她在最后一刻改变了主意？她那"莫明其妙的悲伤"具体是什么？是习惯了旧日子而无法走向新生活，还是害怕未知的生活更加无法忍受呢？

有人将伊芙琳的选择总结为"责任"，这可以是一种看法，但我更喜欢把它看作是一个谜团。我们的生活里，有很多这样的谜团。

三

我最喜欢的是《一片小阴云》。

有人说这篇小说讽刺了小钱德勒这种酷爱幻想却没有实干精神的爱尔兰青年,是爱尔兰精神麻木的又一例证,但我却看到了一个被生活之网裹紧的男人。有很多弱点,不够勇敢,不够果决,但他的状态是很多人都可能接近的状态:没有办法施展理想,被生活纠缠,偶尔幻想,振奋,最终投降。

这不仅是都柏林人的困境,这是所有现代人的困境。一方面你需要完成你自己,实现你自己,另一方面世界的舞台并不完全向你展开,也许你挤不进去,最终灰头土脸。

故事的主要结构是小钱德勒和八年未见的老友重逢。八年前,他们处于同一起点,甚至小钱德勒资质更高。但八年后,朋友已经在伦敦站稳了脚跟,他却还在都柏林做着小记者。最后他回到家里,面对孩子的啼哭,妻子的数落,"他成了生活的囚徒"。

珍妮弗·伊根的《恶棍来访》中有一篇小说和这个故事颇为相似。顺便说一句,《恶棍来访》也是一个精心策划的短篇小说集。不同的是，在那本书中，连接所有小说的不是一个时空下的切片，而是时间在一群人生活中流动的过程。那个故事的主要内容也是一次会面，二十年前一起玩乐队的好兄弟，一个成了著名的音乐制作人，一个则是刚刚离婚的单身汉，他们坐在一起，已经无法沟通。时间改变了一切。

在《一片小阴云》里，时间不是二十年，而是八年。这个长度是令人痛苦的，一切才发生不久，好像还可以改变。小钱德勒将这一切归因为自己没有离开，这或许是一个理由，但不是全部的理由。事实是，在他那个夸夸其谈的朋友身上，除了光辉的头衔，似乎并没有太多的理想内涵。此和彼，真的有那么不同吗？理想和现实之间的矛盾，永远也无法消解。

通过乔伊斯的文字，我们以一种比历史书写更模糊，同时更精确的方式接近了它——生活。

文学大师的隐秘生活
——读《魔术师》

一

科尔姆·托宾和托马斯·曼的书，我此前都没有读过。

托马斯·曼在我这里只是一个名字，灰色的，还未点亮。我知道他在二十六岁就出版了《布登勃洛克一家》，在1929年获得了诺贝尔文学奖，他的《魔山》被许多人推崇，他是20世纪最有名望的作家之一。但是，除此之外，我对他就什么都不知道了。

科尔姆·托宾是一位爱尔兰作家，出生于1955年（托马斯·曼去世的年份），我听说过他的《大师》和《布鲁克林》,但一直没读。

面对这本《魔术师》,我没有任何可以调用的经验和记忆。我无法确认,这本书中的托马斯·曼和真实的托马斯·曼之间有多大的距离。我也没有办法在心中对比,托宾的写作发生了什么变化。

我就这样打开它,然后,迫不及待地把它读完了。用一句无聊但准确的话来概括,这本书写的是托马斯·曼的一生。但不是他的杰出成就,而是他的私人生活、他的成长、他的家庭、他的隐秘性向、他和儿女们的关系、他对于进入新世界的踌躇、他的摇摆、他的怯懦、他的冷酷、他的流亡。

也就是说,这里写的是一个作家晦暗的那一面。

如果我们合上这本书来回想,可能不会发现他有什么闪光的人格特质,但他确实复杂并将这种复杂和多面性放进了他的作品。或许,正是这种复杂吸引了托宾。

二

托马斯·曼出生于德国吕贝克的一个商人家庭。他的父亲继承了家族商行,是一名参议员,在当地享有名望。他的母亲有一半巴西血统,沉溺在旧世界中,有一点来自南方的不安。

他在家中五个孩子中排行老二（托宾也是）。他有一个哥哥，叫海因里希，他还有两个妹妹和一个最小的弟弟。顺便说一句，仿佛有什么家族魔咒，他的两个妹妹后来都死于自杀，很多年后，他的两个儿子也是。

在托马斯很小的时候，哥哥海因里希就立志成为作家。他不和家族事务有任何纠葛，反而获得了某种自由。托马斯也喜欢文学，但是却从不表露出来。他隐隐认为，既然哥哥被放弃了，那么他将继承家族事业。

但是，他和哥哥都没有得到父亲的青睐。父亲在去世前更改了遗嘱，家族商行将被出售，房产也会出售。由于他当时未成年，还被指定了监护人。他的母亲并不掌控资产，需要每年四次向法官报告抚养孩子的情况。

母亲搬到了慕尼黑，一个比吕贝克大得多的南方城市。他也来到这里，被监护人安排到一家火灾保险公司工作。这个工作他干了不久，决定成为一个作家。他说服了母亲，和哥哥海因里希进行了一次写作之旅。他和哥哥都有写作的志向，但彼此并不对付，他的文学天赋并未得到海因里希的认可，他们的政治立场也不一致，海因里希是个国际主义者，而托马斯是个民族主义者。

当然，他在写作上的天赋明显要高于哥哥。他开始写作一本以曼家族为原型的小说《布登勃洛克一家》。

托宾在《托马斯·曼：被传记者追逐的退场》一文中写道：他是对他自己生活的观察者，他很早就学会了如何置身事外，假装事情是发生在其他人身上，然后把素材存起来为将来所用。

他的所有写作，几乎都取材自亲身经历，他的妻子、他的朋友、他的家庭、他遇见的男孩，都可以成为他的素材。比如，在他和卡提娅结婚之后，立刻写了一篇讲述双胞胎兄妹乱伦的小说，而看过这篇小说的人，很难不联想到卡提娅和她的哥哥克劳斯。事实上，他的灵感，也确实来源于此。

他像是一个巨大的恒星，可以照亮遥远的星球，为他们提供能量。但是，如果你靠近他，则会被占有，被吸收，甚至被毁灭。

三

《布登勃洛克一家》出版后获得了巨大成功。托马斯·曼也由此声名鹊起，前途无量。

二十九岁这年，他认识了卡提娅，向她求婚。一年后，他们成婚。卡提娅来自一个显赫的犹太人家族。

他们婚后生了六个孩子，三个女儿、三个儿子。

家庭，在这本书中是一个重要的存在。一开始是他成长的家庭，他的父亲、母亲、哥哥、妹妹。然后，是他自己的家庭，他成为丈夫，成为父亲，他将面对他的六个儿女。

小说写到这里，进行了一次加速。小说共十八个章节，每一个章节的名称都是地点和时间，比如第一章是"吕贝克，一八九一年"，第二章是"吕贝克，一八九二年"。"慕尼黑，一九一四年"是第六章，接着第七章是"慕尼黑，一九二二年"，再来第八章是"卢加诺，一九三三年"。

而从一九一四年到一九三三年，短短两章，就跨越了十九年。在这段时间里，他们经历一战，经历了共和，纳粹正在崛起。在这段时间里，托马斯和哥哥几乎断绝了来往（他们立场不同），母亲去世，《魔山》出版，他获得诺贝尔奖，功成名就，作品在美国热卖，从此他住豪宅，开豪车。

这一切都发生在这段时间，为什么托宾没有铺陈开来细细地写呢？我想，这可能是因为，在这段时间里，托马斯的孩子还太小。而托马斯并不是一个关注孩子成长的父亲，所以，这一部分的家庭生活，就没有什么可写的了。

毋庸置疑，托马斯·曼不是一个好父亲。他公开说，他只喜欢大女儿埃丽卡和另一个女儿伊丽莎白，他从未喜欢克劳斯。长子克劳斯自杀之后，他甚至没有参加葬礼，而是去瑞士演讲了。

这本书写的不是托马斯·曼在外部世界的成就，而是他的私人世界，其中很大一部，就是他的家庭。

在《托马斯·曼：被传记者追逐的退场》一文中，托宾写道：托马斯·曼身兼两种性格，他既是《布登勃洛克一家》里的汉诺，有梦想，有天赋，对家庭无所贡献，也是他的参议员父亲，务实，保守，毫无幽默感。

家庭对托马斯·曼如此重要，在家庭中，他显现出自己。但是，他的家庭成员很难说幸福。

四

时间迅速划过，孩子们长大了。同时，纳粹也崛起了。

六个孩子中，大女儿埃丽卡和大儿子克劳斯是最早的反叛者，两个都是公开的同性恋。在20世纪初的欧洲，他们作为作家和演员，当然还有托马斯·曼子女的身份崭露头角。

他们都有一种投入世界的热情和改变世界的勇气。这一点，和他们的大伯，也就是托马斯的哥哥海因里希很像。这种背反，又和大时代关联到了一起，形成一种对照。

1933年，希特勒当选总理之后，托马斯·曼就离开了德国。但是，当他的哥哥在大声反对纳粹的时候，他保持了沉默。他密切地关注新闻，但是并未发表任何反对纳粹的言论。他不想划清界限，不愿意失去德国的读者。但更重要的原因是，他害怕。

> 卡提娅理解这点，但埃丽卡、克劳斯、海因里希不理解。他们不理解怯懦。对他们而言，只有透彻。但托马斯认为，这个时代的透彻只属于少数勇士。对其余人而言，这个时代唯有混乱。

《魔术师》呈现了一个复杂、晦暗的托马斯·曼。当然，还有怯懦。但是，托宾并不是批评这种怯懦，相反，他是从正面去看的。模糊、不确定、沉默，似乎潜藏更多的能量。

托宾在一篇名为《托马斯·曼：宠坏孩子的新方法》的长文中，详细梳理了托马斯·曼和孩子们之间的关系，特别是和埃丽卡、克劳斯的关系。

看完这篇文章,我对于托马斯·曼家的感受更加复杂了。在《魔术师》中,托马斯是一个中心,以至于整个家庭似乎还保持着一种秩序。但这篇文章从孩子的视角出发,一切都分崩离析,托马斯比《魔术师》中表现得更加冷酷。在这篇文章里有一段关于托马斯·曼与儿子克劳斯的对比,很值得注意。

托宾写道:

> 托马斯·曼和他的儿子不同,是个极其复杂的人物,他在行为举止上传统保守,在政治主张上含糊其辞,许多年对德国民族主义的态度模棱两可……克劳斯始终是个更易读懂的人物。他多变、豪迈、轻狂、毫无城府,这使得他纵有显见的才华,却仍然忧郁哀伤……克劳斯的良心上,不管真实的还是假想的,都没有不可告人的罪行;他不像父亲那样书写死亡,反而让死亡的气息钻入了他自身的灵魂……他比他父亲更清楚、更有预见性地看到纳粹的兴起,并勇敢地竭尽所能,进行各种形式的反抗,同时又有办法一边嗑药和滥交。支吾其词的父亲,在政治和性两方面,挣扎于模棱两可的态度,他把这种斗争经过加工写出经

典名著。儿子是个相对单纯的人，对自己的性取向更加坦白，更加确定自己的信仰，由此他写出了几本勉强算有趣的书。

托宾的意思是，儿子的直接，或许也意味着单薄，而托马斯的模糊，或许可以酝酿出更深厚复杂的精神世界。在这里，怯懦对于作家来说并不是一个贬义词，更重要的是在写作中的勇敢，而这种勇敢，可能也正是某种自私。

在此后的半本书中，他在所有人的逼迫、期待之下，发表了批判纳粹的檄文。然后，他终于成为了大家期待的托马斯·曼。他去到美国，和爱因斯坦为邻，成为白宫的座上宾。然后，在美国回望德国，写出《浮士德博士》。等到他终于在美国也待不下去的时候（他不肯对冷战发言），又回到瑞士，并在那里去世。不过，这本书并未写到他去世的那一刻，而是在更早的时间结束了。

总之，这本小说里的托马斯·曼不是一个令人喜欢的人物（现实中可能更不是）。

被喜欢不是重点所在，被好奇也不是，托宾没有特别开采托马斯·曼隐秘的性向，把这本书写成一个只和性有关的故事。

相反，他写出了一个更复杂、更模棱两可的托马斯·

曼。他就在这，这样一个人，拥有巨大的能量，看起来宏伟，却又相当怯懦，像一个太阳，也像一个黑洞。

五

最后，在小说和传记之间，托宾做了什么？

就像上面我所引述的，托宾不止一次写过托马斯·曼。不同的是，之前写的是文章，这次是小说。在文章中，我们可以看到托宾的个人意见，但小说中作者近乎隐身。他不做评价，尽量站在离托马斯·曼不远的地方，写出这个故事。

作者使用的是一种局限的第三人称视角。叙事者不是无所不知的上帝，他紧紧跟着托马斯·曼。托马斯·曼在哪里，他在哪里。叙事者不会因为埃丽卡去了美国，就向我们展示一下美国的场景。妻子去疗养院，那么我们也只是和托马斯·曼一样，通过来信了解她的消息。除非他亲自去一趟，作者才给我们看到疗养院的现场。

我们体验的是托马斯·曼的经验，而不是一个立体的视角。和传记很不一样的是，托马斯·曼在这里不是一个被分析、比较的对象。他是这个世界的中心——整个世界，因为他才存在。

这种中心性，使得他真的就很像一颗恒星。其他的所有人物，都围绕着他旋转。有一些人越来越远，消失不见；有一些突然出现，不打招呼。这里没有情节，情节关于因果，但这里没有因果，只有时间流逝。这一点，使它又不那么像传统的小说。

比如说，托马斯·曼和儿女的关系虽然有很多篇幅，但不是像展开一组人物关系那样写的，这本书里没有第二个主角，所有人都只是经过托马斯·曼的世界而已，包括他的妻子、孩子。

托马斯·曼如此稳定地处于叙事的中心，使得我们缺少了外部视角，我们始终处在一个离托马斯·曼很近的位置（又不是真正的第一人称），看到他的一举一动、他的决定、他的语言。但是，我仍然要说，读完这本书，我仍然并不了解托马斯·曼。

作者写出了托马斯·曼丰富的私人生活，但他似乎也在暗示，他还有一个更丰富、更深厚的心灵世界，没有展示。你会发现，和真正的传记不同，这本书很少去写他的写作，更不会去分析他的作品。我们只知道，他每天上午在无人打扰的时候在房间里写作。作者对此并不着墨，好像那是一个不可触碰的领域，发生在另一个心灵世界，和这个世界保持距离。

于是，这本书似乎在引诱我们去读托马斯·曼的小说，去看一看他通过这个私人世界，到底创造了怎样的另一个精神世界。

或许，这正是我接下去要做的。

杜拉斯与张爱玲
——读《情人》

一

这是我第二次读《情人》。

第一次年纪还太小,只记得湄公河的风和那间充满情欲的房子。毫无疑问,这是一本感觉之书。它的每一个字都需要你自己去读,情节在这里并没有那么重要。如果非要用一句话来概括,这本书讲的是:一个十五岁少女和她破碎的生活。

是的,这其实是一个成长题材的故事。虽然题目是《情人》,但它并非爱情小说。

情人在这里其实更像是一个引渡者,他将"我"引向成人世界。这个情人可以是中国商人的儿子,也可以是别人。总之,会出现这么一个人,而"我"将顺着这条路一路走远。

这是一场蓄谋已久的逃离。逃离贫穷,逃离不幸的母亲和母亲的不幸,逃离永远长不大的哥哥,逃离正在坠落的生活。

写这本书的时候,杜拉斯已经七十岁了。她以一种苍老的语调,迂回地叙述了那段青春故事。一切都拉远了。残忍的,也尽可原谅了。

读到最后,你会发现,就像张爱玲的《小团圆》,爱情其实并非重点,和母亲的关系,以及那个时期的自己,才是作者最在意的。

是的,读杜拉斯的时候,总是会想到张爱玲。她们有太多相似之处。我们不妨对照着来看看这两个人的故事。

二

杜拉斯比张爱玲大六岁。1914年4月4日,杜拉斯出生于嘉定。她的父亲是嘉定师范学校的校长,母亲是西贡市立学校的副校长。

童年、少年时期的经历,影响着所有人的一生。杜拉斯说:"一切都源自童年。我之后看到的毫无用处。"

她在热带的酷暑、奔涌的大河以及湿润的三角洲里度过了童年。

在她七岁那年,父亲去世,母亲承担了所有重任,从法属印度支那到法国,从法国再回到法属印度支那,这个失去了丈夫的女人被陷在遥远他国的穷乡僻壤,逐渐被孤单、落寞和绝望笼罩。

杜拉斯在母亲的阴影下长大,她在《情人》中写道:"在我的幼年,我的梦充满着我母亲的不幸。"

杜拉斯与母亲的关系非常复杂,像一棵参天大树交缠于土地之下的根茎,无人能够看见它的样子,但你可以料想它扎得足够深。若非如此,怎能支撑起这一棵树?

和杜拉斯不一样,张爱玲幼年的生活里没有绝望的母亲,反倒有一个被鸦片迷住的灰色的父亲。母亲的角色是缺席的,而缺席反倒加重了母亲的地位。张爱玲曾经非常期待母亲的归来,对母亲满怀希望,心生崇拜,而母亲终究没有像她想象的那样走进她的生活。

十六岁那年,黄素琼再次从国外回来,张爱玲去得比较勤,与继母起了争执,终于被父亲软禁,大半年后跑出来,从此再也没有回去。若是正常剧情,母女该团圆了,但张爱玲并没有等到一双臂膀将她拥入怀中。

很显然，黄素琼没有学会如何做一个母亲。她想将张爱玲培养成一个淑女，但她几乎不外露情感，一切都是硬生生的。张爱玲与母亲的关系相当冷淡，在母亲的眼中，她好像从来没有做对过一次。

她总是表现得小心翼翼，在这样的压力下，张爱玲说："我觉得我是赤裸裸地站在天底下了，被裁判着像一切的惶惑的未成年的人，困于过度的自夸与自鄙。"

张爱玲甚至有些恨母亲，恨她不爱她。报复的手段是把欠她的钱还给她。母亲再次回国的时候，张爱玲递给黄素琼二两金子，预示从此就一拍两散，再无瓜葛。母亲果然落下泪来。张爱玲太决绝，太冷酷，她被母亲所影响的性格和内心深处的暗疾，永远不可能消失，只能一次又一次地写在纸上，写进小说。

1956年8月13日，杜拉斯七十九岁的母亲在她的泰尔特城堡去世了，这一年杜拉斯四十二岁。

第二年，黄素琼在英国住进医院，她写信给张爱玲，希望女儿能够到英国与她见一面。张爱玲当时和赖雅生活在一起，没法去，只是寄了一些钱，写了信。

一个月后，黄素琼去世。这一年，张爱玲三十七岁。

杜拉斯和张爱玲，一生都生活在母亲的阴影之下，她们爱自己的母亲，但却得不到回应。杜拉斯的母亲永远偏向两个哥哥，张爱玲的母亲似乎更在乎生命的自由，她们的某一部分，永远地留在了少年时期。以至于，很久很久以后，她们足够老了，还需要在文字中写下这些。不论是和解，还是安慰，她们需要写。

所以，在《情人》里，你读不出什么社会思潮，杜拉斯不反映时代，也不回应时代。她只是在安顿自己。

杜拉斯只是在做这件事。用她自己的话，便是："我写作并无目的。我觉得我写就是因为非写不可。我不是有所为而写。我也不为女人写。我写女人是为了写我，写那个贯穿在多个世纪中的我自己。"

三

最后，必须谈谈《情人》的语言与结构。前面已经说过，这是一本感觉之书。如果你读惯了巴尔扎克式的故事，初次遇见这样的小说，一定会感到困惑，因为情节在这里被剪碎了。

它们洒落一地，作者并不按照时间顺序，而是按照一种她内心深处的逻辑来组织语言，看起来随意、破碎，如同私语。这些特征，使杜拉斯被认为是法国新小说潮流中的一分子。

和几乎所有现代主义的流派一样，"新小说"的作者们更看重破坏和解构的部分。这可能是一场绝望的反击，在电影的攻城略地之下，小说必须找到一些新的道路。

"新小说"是一次尝试，但他们似乎失败了。小说和读者的关系，变得越来越紧张，也变得越来越陌生。

不过，王小波曾在文章里大大赞扬过《情人》，他说："除杜拉斯的《情人》之外，近十几年来没读到过什么令人满意的小说。"他说："这本书的绝顶美好之处在于，它写出一种人生的韵律……只有书写文本能使她获得叙事艺术的精髓。"

这也是站在小说家的角度来谈的，这是一部无法被改编成电影的小说，即使改编了，也和这部小说有着遥远的距离。

只有通过文本，你才能体会到它的好。这是属于小说的胜利。

沼泽里的生命
——读《最初的爱情,最后的仪式》

《最初的爱情,最后的仪式》是一本让人倒吸一口凉气的小说集。

在序言里,余华感叹麦克尤恩这么好的作家,怎么在中国没人读。不过那已经是过去式了,好像正是从这本《最初的爱情,最后的仪式》开始,麦克尤恩在中国已经俘获了众多读者。

这本书出版于1975年,当时麦克尤恩只有二十七岁,刚刚从东英吉利大学创造性写作班毕业。这本小说集就是他的硕士毕业论文。

作品一出版,就引起轰动,《时代周刊》《华盛顿邮报》《芝加哥论坛报》等重要媒体都有评论,并且在次年获得了"毛姆奖"。麦克尤恩凭借这本书一举成名。

书不厚,只收录了八篇小说,写的大多关于性与死、青春与成长。但和很多关于成长的小说不同,麦克尤恩的故事,相比之下,尤为骇人。

如果我们稍做总结,会发现,这本书里的故事不是杀妻、乱伦,就是恋童、异装。但相比于《肠子》这样的大尺度,麦克尤恩并没有那么表面,他写的是一种深刻的孤独、隔绝、边缘、阴冷、惆怅,但同时又有无辜、天真的感觉。

读这本小说,好像早晨走过刚刚被割草机割过的草坪。整本书,充满悬念、潮湿与情欲。

这本书里几乎每一篇都和性有关。全书第一篇,《立体几何》的第一句是这样的:

> 1875年在梅尔顿·莫布雷举办的"异趣珍宝"拍卖会上,我的曾祖父在他的朋友M陪同下,拍得了尼科尔斯船长的阳具。

《家庭制造》的第一句是这样的:

> 我们逼仄的浴室,现在依然历历在目,灯光耀

眼，康妮肩上披着一条浴巾，坐在浴缸边沿抽泣。

《夏日里的最后一天》的第一句则是：

第一次听到她笑时，我正趴在阳光下后院的草坪上，光着脊梁，肚皮贴着地。

再来看《舞台上的柯克尔》的第一句：

地板上有灰尘，布景只画了一半，他们全都赤裸地站在舞台上，明亮的灯光保持住他们的体温，并彰显空气中的尘埃。

要不然是裸体，要不然是阳具，或者尸体，总之，一上来，麦克尤恩就要让你做好准备，这里可能有不一样的东西。

我很喜欢全书的第一篇《立体几何》。这是一个很奇怪的、有一点博尔赫斯味道的小说，故事展开得很奇妙，一边是主人公"我"着迷地追溯一段曾祖父的往事，涉及一段离谱的数学知识，另一边是"我"和妻子凝滞的婚姻。

将这两种完全不同的事件并置在一起，本身就很神奇，更奇妙的是，最后这两条线索相遇，"我"用"数学方法"杀死了妻子。

这篇小说散发着一种游戏感，一种诡异但好玩的恶趣味。当然，你也可以从中解读出一些关于两性关系的主题，但叙事手法仍然是这篇小说的最大亮点。

《家庭制造》和《蝴蝶》是这本小说集里最令人印象深刻的小说。它们游走在道德禁区的边缘，很多人对此感到不满。这两篇小说，一篇写兄妹间的乱伦，一篇写的是一个恋童癖将一个小女孩溺死。

《家庭制造》的整体语调，带着一种少年的天真。涉及乱伦，往往道德的大锤马上就打下来了，但这篇小说没有任何道德评价。"我"是一个青少年，正处于对性感兴趣的阶段，一日，他诱导妹妹和他发生了性关系。整个讲述，因为语调的关系，好像是一段很无聊，甚至颓丧的游戏。

《蝴蝶》看完，则真的很冷。小说的第一句话是"星期四我平生第一次见到尸体"。接下来，"我"讲述自己将要去录一个口供，因为有一个女孩死了，而"我"是目击者，有不少人怀疑"我"是凶手。

第一人称果然不可靠，当我们就要相信这个主人公的时候，慢慢地，我们终于发现，他真的是凶手。

少年残忍，好像有一只大手罩住了角色，没有办法了。苏童的故事也多有少年流血事件,也很关注性、残忍和阴暗。但麦克尤恩的叙述口吻总是带着无所谓的态度,把重要事件搞得很不值一提,又总是在细节里藏针藏毒。

毫无疑问,这本小说写的都是一些灰暗的故事。麦克尤恩在接受采访时说:"我不想去描写什么人如何积聚和丢失财富,我感兴趣的是人性中陌生而古怪的地下层。""这些故事的主人公很多都是边缘人,孤独不合群的人,怪人,必须承认,他们都和我有相似之处。我想,他们是对我在社会上的孤独感,和对社会的无知感、深刻的无知感的一种戏剧化表达……这些人物身上都带有我的气息,我的孤独,我对社会肌理构造的无知,连同我对融入社会肌理,发生社会联系的渴望。所以他们就以这副怪样子出来了。"

这是一本潮湿的书,阴暗,好像沼泽,但是你试图走过,也会发现沼泽里的生命,好好地审视一下那些不被注意到的人,以及心里的黑暗角落。

芥川龙之介的道德小说
——读《罗生门》

一

芥川龙之介生于1892年，比胡适小一岁。

他出生不满一年，母亲精神失常。母亲去世后，他被正式过继给舅舅芥川道章做养子，改姓芥川。虽然养父母待他不错，但免不了还是有一种寄人篱下之感。

他的第一篇作品《老年》发表于1914年。第二年，他又发表了《罗生门》，但均未引起反响。1916年，他在《新思潮》杂志发表短篇小说《鼻子》，受到了文坛大佬夏目漱石的赞赏，终于崭露头角。

不过，虽然出道很早，但他的整个写作生涯也只有十几年。

这十几年里,他的创作大致可分为三个阶段。

第一个阶段,就是以《罗生门》《鼻子》《地狱变》为代表的、取材自历史故事的小说。

第二个阶段,则是1921年他作为记者来中国旅行回去之后创作的一些现实主义题材的作品。

最后一个阶段,也是他生命的最后一年。他写作了许多直抒胸臆的、带有自传性质的作品,比如《侏儒警语》《某傻子的一生》。同时,在这一年发表的《河童》,则是一篇极辛辣的讽刺小说。

三十五岁,对于任何一个作家来说,都还是一个未完成的状态。但是,很可惜,芥川龙之介在这一年服用大量安眠药自杀身亡。

很难说明具体的原因,但日本社会状况的变化、他写作上的困境,以及家庭内部的危机、朋友的精神失常,可能都对他的自杀有所影响。

二

《罗生门》取材于日本古典故事集《今昔物语》。

小说开始于一个阴郁的画面:一个侍从在罗生门下避

雨。前几日，他被主人家辞退，如今一筹莫展，无处可去。他正踌躇着是不是要去做强盗，但当务之急，还是找一个地方过夜要紧。于是，他走上了堆满死尸的城楼。忽然，在死人堆里，他发现一个头发全白的瘦小老婆子。

> 但见那老婆子将松明插在地板缝中，然后两手伸向刚才盯视的女尸头上，就像母猴给小猴抓虱子那样，一根一根地拔起了长发，那些头发一拔就掉。

他不知老婆子在干什么，站出来与她交涉。原来，这老婆子拔尸体的头发，用来做假发卖钱。她说这些死人都不是什么善主，只配这样对他们。而且，现在没有别的活路，这么做也没有办法。总之是一种"生存第一"的生活哲学。

侍从听着听着，"心里逐渐冒出某种勇气"。他剥了老婆子的衣服，粗暴地将老婆子踢倒在死尸堆里，就消失在夜色中了。

这显然是一个道德故事。侍从一开始对未来的道路还感到踌躇。老婆子的行为和话语对他而言，正是一个启悟时刻：在这个不需要道德的世界，他无须为自己的罪责负疚。

这背后的观点是：恶潜藏在所有人的体内，等待着被激发。在这样一个民不聊生的时代，恶更会像传染病一般肆虐。

读这本《罗生门》，可以看出芥川非常关注善恶、道德、人性、良心等问题。不只这一篇，后面的许多小说，都是对这一主题的挖掘和变奏。

读他的小说，让我想起了美国作家奥康纳。他们的小说都有一种阴森、残缺、阴郁的美。就拿《罗生门》来说，文字描写非常细腻，雨夜、城楼、尸堆，读进去有一种阴惨、凄厉的恐怖气氛。

三

除了《罗生门》，《鼻子》《山药粥》和《地狱变》的情节也取材自《今昔物语》。

《鼻子》讲的是一个和尚长着一个长鼻子。这个鼻子太长，一是不方便，吃饭都会掉到碗里，需要一个小和尚用木条帮他提着才行。二来，因为长鼻子，他也经常受到其他人的嘲笑。为此，他习得一个偏方，历经千辛万苦，终于将鼻子弄短了一些。然而，虽然他的鼻子变短了，其他的和尚见到他，还是笑个不停，甚至笑得更放肆了。

如果说《罗生门》对于人性之恶的萌发，还算是比较简单的观察。那么，《鼻子》对于"旁观者的利己主义"微妙心理的把握，则非常精准了。"当然，每个人都有同情他人的恻隐之心。但是，当那人设法摆脱了不幸之后，旁人又会觉得怅然若失。说得夸张些，他们甚至想让那人再度陷入不幸。"

《山药粥》写的是一个小官，平庸丑陋，梦想是喝到一碗美味的山药粥。有一个习武的官员，知道了这件事，便说要请这个五品小官喝山药粥。但是，他与其说是邀请，不如说是嘲弄，五品小官最终真的喝到了山药粥，但那滋味却苦涩得很。

人对于低于自己的人，不只有同情，甚至有一种恶作剧式的嘲弄。这种奇怪的心理，是芥川龙之介很感兴趣的。

《地狱变》的篇幅相比于前两篇更长，有一种传奇和凄厉的美。审美趣味上，芥川确实很乐意去描写地平线之下的世界，那些丑陋的、乖戾的人性之恶。

这个故事讲述了一个艺术至上主义的画师为艺术殉道的故事。其中最惊人的一幕是，为了画出逼真的地狱图，画师要求将一辆蒲葵车点燃。同时，还要让一位高贵的女人，穿着绫罗绸缎坐在车中。当这一切真正发生时，那辆车里坐着的，正是画师的女儿。

整个故事，有一种绚丽、死亡的极端之美。画师是不疯魔不成活，为了艺术，不惜一切代价。最后，他留下了《地狱变》屏风，随女儿自杀身亡。

与前面几篇相比，这篇小说讨论的不是道德问题，而是艺术与人生的问题。对于画师，作者没有讽刺，反而有一种庄严的态度。

四

黑泽明拍过一部《罗生门》，在全球范围内都有极大的影响力，甚至"罗生门"这个词，已经成为一个约定俗成的专有名词，指那种当事人各执一词，真相扑朔迷离的事件。

不过，《罗生门》这部电影的主要情节，其实是改编自芥川的代表作《竹林中》。这篇小说的核心是强盗奸杀女子。但故事并非用第三人称的视角来讲述，也不是一个情节连贯的第一人称叙事，而是拼贴的自白。僧人、樵夫、丈夫、强盗、女子，他们各有各的说法。

真相并不存在。或者说，没有人能够真正还原真相。每个人都是自利的，每个人看到的东西，都因各自的价值观不同而有所偏差。与其说这篇小说写的是人的自私、说谎的本性,倒不如说这正是人间的真相。

《河童》是一篇类似于《格列佛游记》的讽刺小说,一个男人误入了河童国,在那里生活了一段时间。跟随主人公,我们会读到许多辛辣的讽刺。比如,在河童国里,孕妇生产之前,医生会对着孕妇的肚子问里面的宝宝是否想被生下来,如果宝宝回答不,那么孕妇的肚子就会立刻归于平整。没有人会伤心或惊讶,这就是一个不想来到世上的孩子。这种对孩童的观念,可以说是蛮超前的。

纵观整本小说集,芥川龙之介总是讽刺性地书写人性之恶,唯有《柑橘》一篇是从正面去写人性之善的。一个非常微小的事件,年轻的女孩,蓬勃的生命力,单纯、质朴,类似于塞林格《为埃斯米而作——既有爱也有污秽凄苦》所写的那种纯真。

五

书中篇幅最长的,不是小说,而是《侏儒警语》,一篇笔记体文章。

在这里,我们会更直接地看到芥川龙之介自己的观点。他对于道德问题的关注是一以贯之的,对善恶的水位十分敏感,对于艺术本身也有很多思考。当他发现人类之丑恶具有某种普遍性时,很难不失望。他不像奥康纳那样,还可以有一个上帝来拯救。

在写作上,他不像三岛由纪夫或太宰治那样的私小说,他是很注重讲故事这件事的,而且讲得很好。我尤其喜欢他对于一些历史故事的改编,那种传奇性,那种冷酷,那种慈悲,都让人有一种被净化的感觉。

很可惜,芥川龙之介只活了三十五岁。如果他能继续写下去,不知道还会创造出多少精彩的作品。

玩游戏的科塔萨尔
——读《被占的宅子》

胡里奥·科塔萨尔是拉美文学的代表人物,马尔克斯读他的第一本短篇小说集《动物寓言集》时说:"翻开第一页,我就意识到他是我未来想要成为的那种作家。"后来,马尔克斯成了大作家,拉美文学轰动世界,但在中国,科塔萨尔还是要冷门些。

《被占的宅子》是一本诡异而好玩的小说集的集子,共包含三本短篇小说集——《彼岸》《动物寓言集》《游戏的终结》。

这三本书都是科塔萨尔早期的作品,《彼岸》收录了他1937年至1945年写的一些短篇小说,很多有习作的性质,质量较为参差,但是在这本书里,科塔萨尔的独特气质已经基本成型。

《彼岸》中我最喜欢下面三个短篇：《吸血鬼的儿子》《越长越大的手》和《遥远的镜子》。

《吸血鬼的儿子》讲了一个吸血鬼和女子交欢产下一个小吸血鬼的故事。故事很简单，但叙事气氛有一种神秘、恐怖色彩。

《越长越大的手》很是莫名其妙。一个人的手突然变得硕大无比，举不起来，只能拖在地上走。

《遥远的镜子》也很神奇，一个人到另一个人家里看见了他自己。

这三篇小说朦胧可见科塔萨尔的三个方向，《吸血鬼的儿子》指向爱伦·坡的悬疑恐怖故事，他日后的小说，比如《暗门》就是这一特色的发扬；《越长越大的手》指向卡夫卡，日常中的反常在科塔萨尔的小说中一以贯之，不过他并没有像卡夫卡那样执意呈现世界的荒诞，科塔萨尔更具游戏心态，比如《给巴黎一位小姐的信》里主人公一言不合就开始呕吐兔子，活蹦乱跳的兔子；《遥远的镜子》指向博尔赫斯，镜像在博尔赫斯的小说中不断出现，在科塔萨尔这里也常常看到，比如短短的《公园序幕》就很够味，一个在看书的人在书中看到了自己正在看书。

除了这些，科塔萨尔还有一种特别吸引人的气质，即游戏的乐趣。读他的小说，有时候就像是玩游戏。《饭后》这篇就是一个游戏。小说的内容是两个人的信件，但是他们信件的内容之间却出现了裂缝：A邀请B来家里做客，但是A还没有发出信件之前，就已经收到了B的回信。到底是时间出了差错，还是平行宇宙？你读完小说，必然会去查看写信的日期，琢磨这两个人到底在干吗。这就是游戏。《动机》也是一个解谜游戏，到底是谁杀了蒙特斯？

游戏感让科塔萨尔没有那么难以靠近，他是很好玩的。不过有时候，他也会讲讲道理。比如我很喜欢的《一朵黄花》，就是一个理念多过故事的小说。故事关于不死之人，我们都是不死之人，这倒不是因为我们真的不会死，而是会有一个和我们很像的人接替我们，就像轮回，但又不是轮回，并不是我们死了然后投胎，而可能是我没有死，就已经有另一个我出现。科塔萨尔并不是真的在讲科幻故事，而是揭示一个真相：我们大多数人都是相似的，人生都是徒劳的。"不管他们怎么做，结果都是一样：卑躬屈膝、苟延残喘的单调生活，磨破衣衫、啃噬灵魂的一次次挫败，躲在街头小餐馆里的自怨自艾。"一切都在重复。

主人公发现了这一切，他知道另一个"我"死去后很高兴，因为他将是必死之人了，他为自己的独特性而感到幸福。他本来只是停下来点根香烟的,但是他看到了这朵小花。这朵黄花很美,而他死定了。他又感到虚无,他想再次寻到一个自己。"任他离去,什么也不告诉他,这几乎就是保护他了,让他能继续他那愚昧可悲的生活,他那蠢笨失败的人生,直到下一次蠢笨失败的人生,直到再下一次……"

这里呈现了一种矛盾,不论是庸常的无聊的相似的人生,还是清醒的独一无二的拥有自由的人生,都是很难承受的。

《乐队》和《一朵黄花》有某种连接,这个故事里,一个人去电影院看电影,却遇见了一个糟糕的乐队表演。他一开始很厌烦,但是突然,他发现了"谎话连篇的节目单、不合时宜的观众、大部分成员都是充数的假乐队、荒腔走板的指挥、装模作样的列队行进,还有格格不入的他自己"。"他觉得他似乎是最终撞见了现实。他对现实惊鸿一瞥,却以为那是假象,其实那才是真切的,是他现在已经看不到的真实。他刚刚目睹的就是真相,是对假象的揭露。"

我们大多数时候都生活在一种习惯里。在这些习惯里,生活可能是安逸的,但同时也可能是麻木的,是虚假的,是被安排的,只有当你看到了"反常",你才能够思考什么是"正常",什么是假,什么是真。

科塔萨尔的小说其实就像是乐队表演,他的小说中突如其来的反常,看似荒诞和不可思议的情节,其实正是提醒着某种"真"。不过,阅读科塔萨尔的最大乐趣,还是他独特的讲故事的方式和他层出不穷的脑洞,也就是人们平常所说的想象力。

人类的未来

——读《克拉拉与太阳》

一

我很喜欢《克拉拉与太阳》的装帧设计,大面积的橘黄色给人一种温暖同时又压抑的感觉。中间的蓝色方块像我们从窗子往外望去看到的天空,舒缓了整个封面的浓稠情绪。

事实上,这本小说的内容也恰恰如此。一方面,我们会看到在残酷的未来社会,那里有一些我们如今还不敢设想,却可能发生的变化;另一方面,我们也会看到爱,或者是某种爱的幻觉,那种温柔的情感同样触动我们。

从阅读体验上来说,这本小说非常好读,你几乎可以一口气读完。叙事稳步推进,一个事件接着一个事件,并且其中还留着吸引人的悬念,拿起就不舍得放下。然而,如果你读完了这本书,或许又会被一种怅然若失的情绪包围。它不是一篇爽文,读完就完了。相反,很有可能读完了,困惑才真正开始。你会想起书中的某些场景,回应那些抉择,思考那些人之所以为人的东西。就像你在海边捧起一手沙,一定会漏掉很多,你必须再一次捧起它,然后,再一次。

二

故事从一家高级商场开始。我们的叙事者克拉拉是一名陪伴型机器人(AF),她正在橱窗里,等待出售。和她一样被创造出来的 AF 还有很多,他们的使命是陪伴孩子,守护他们,驱散他们的孤独,为他们带去快乐。

整部小说,是以克拉拉的第一人称有限视角展开的。我们看不到全局,不知道这个时代的社会结构具体是怎样的,不知道其他人是如何生活的。我们所倚靠的只有克拉拉的观察和回忆。是的,回忆。读到这本小说的最后,我们终于会知道,原来这一切的叙述,是克拉拉在被丢弃到一个垃圾场之后,对记忆的整理。

回忆，往往是一种特别的叙述口吻，因为这里面必然带有反思。在回忆中，我们不仅重现过去，也在思索过去。同时，回忆又常常带着一种柔光效果，像是在落日黄昏时，望着一个朋友慢慢走远的背影。这里面有一种淡淡的哀伤，从一开始就弥漫在整个叙事空间里。

整本小说，我们跟随克拉拉，去到乔西的家里，陪伴乔西，守护乔西，直至离开乔西。

三

在这本小说中，有一个巨大的危机，所有的事件几乎都围绕这一危机展开，那就是乔西的病。

乔西生病的缘由引出了一个重要的社会背景；乔西可能会死亡的结果则搅动了故事中所有人的情感和行动。

那么，乔西是怎么生病的呢？

答案是基因编辑。在这个世界里，人们可以通过基因编辑，改变孩子的能力。不过，基因编辑可能会有副作用，造成孩子生病、死亡。在阅读中，我们知道乔西的姐姐就是因为基因编辑去世的。

那么，这里有了一个难题：如果你有孩子，现在可以给你的孩子做一次"提升"，你会如何选择呢？

在你知道死亡风险后，或许你会选择不。但是如果提升之后，你的孩子就可以上更好的大学，进入更高的阶层，并且大家都提升了，你又会怎么办？

石黑一雄为乔西设置了一个对照组——里克。里克是乔西的邻居，也是乔西青梅竹马的好朋友，他们对未来有着美好的憧憬，想象着一起离开之后的生活。在这里他们还没有意识到"提升"这个事情对他们命运的改变，或许他们已经意识到了，但还在试图抵抗。

在一次"提升"孩子们的聚会上，我们看到了孩子们已经被分为两个阶层。没有被"提升"，几乎就等于被社会放弃，他们很难上大学，没有什么工作前景，且毫无意外地会受到"提升者"的歧视。

据说，石黑一雄写这本小说的一个动因，正是看到了一则基因编辑成功实施的新闻。科技的变化对人与人的关系，对人类社会的构成，都将造成深远影响。显然，石黑一雄对此并不乐观，这一切毫无疑问会加大阶级鸿沟，将社会推向更危险的境地。

不过，这并非小说的全部，即使在这个充满社会议题的故事里，石黑一雄真正想要讲的还是人心。人心的复杂、自私与爱。

四

在众多关于人工智能的科幻故事中，我们会察觉到两种设定。

第一种是这个 AI 觉醒了，不论他是机器人还是生化人，他有了自我意识，他开始思考自我的存在、需求和尊严。此时，我们该如何看待他？如何看待他的权利？往往，这一设定是为了引发人对自身的反思，到底什么构成了人的尊严和人不可让渡的东西？

第二种则是这个 AI 没有觉醒，他尽职尽责完成自己的使命。比如刘添祺创作的短剧《巴西 brazil》，那里面的机器人毫无疑问是没有觉醒的，他生硬、机械地执行任务，不带感情，但即使是这些生硬的关爱，也没有人来付出。我们看到的是人的冷漠和无情——妈妈从未接起电话。

在《克拉拉与太阳》中，克拉拉也是没有觉醒的，她一心要守护乔西，为治好她不惜一切代价。她以一种陌生化的视角，打量着这个人类世界，但她终于还是无法成为人，她无法计算出人心的复杂和多变。

在第三部分的开头，石黑一雄以克拉拉的回忆口吻写道：我渐渐看清了人类，出于逃避孤独的愿望，竟会采取何等复杂、何等难以揣摩的策略。

在整个故事里，克拉拉能够思考，能够社交，甚至她几乎掌握了爱，一种一心一意为一个人好的愿望（当然，她是被设定的），但是她没有人的自私，她从来不会从"我"出发思考问题。

在乔西的病好了之后，叙事节奏突然加快。一个现实的理由是，此后克拉拉就不怎么参与乔西的生活了，她被放到了杂物间，乔西一路成长，去上了大学。甚至，乔西与里克也分道扬镳，像所有成长电影里的少年一样，走向了他们自己的路。

克拉拉没有说什么，但可以想象，她肯定无法理解乔西和里克的分离，他们曾经情感那么炙热，那么真诚，但现在一切都变了。是的，人是会变的。在那场聚会上，克拉拉第一次发现了这一点，这是她永远无法获得的能力。

毫无疑问，这里面有某种残酷，人性本身的残酷，但是这或许又是人之所以为人的重要因素。

最终，克拉拉被抛弃了。她像一个见证者，我们通过她的视角，看到了人心的复杂。人会后悔，会踌躇，会迟疑，会猜忌，会嫉妒，会伤心，会痛苦，会爱，同时，也会遗忘，会告别。这里面没有审判，而是一种理解，或者说不理解。我们不知道这样的人类，会将自己送上怎样的道路。

你们与我们并没有什么不同
——读《最后的礼物》

对我来说,每一年的诺贝尔文学奖都是一次认识新作家的机会。尤其去年,当坦桑尼亚裔英国作家阿卜杜勒拉扎克·古尔纳获得诺奖时,我对他一无所知。他的小说没有中文译本,在中文互联网上检索关于他的信息,得到的内容也非常稀少。

等了将近一年,上海译文出版社终于出版了他的五部作品。分别是《天堂》《来世》《赞美沉默》《海边》和《最后的礼物》。

《天堂》发表于1994年,是古尔纳的代表作之一,入围了当年的布克奖短名单。《来世》是他2020年出版的最新作品。《赞美沉默》《海边》相继出版于1996年和2001

年。《最后的礼物》则出版于2011年。

这几本书都在我的书架上放着。我首先打开的是《最后的礼物》。

这本小说非常好读,没有现代主义的形式谜团,讲述的是关于家庭、记忆,关于移民、身份的故事,不知道为什么,作为中国读者,我竟然还从中读到了一些熟悉之处。或许,种族和阶级问题在很多时候都是重叠的,而贫穷,在哪里都很相似。

先来简单介绍一下诺奖得主古尔纳和他的故乡桑给巴尔。这本书中的主人公阿巴斯也来自那个非洲岛屿。

一

1948年,古尔纳出生于东非海岸的桑给巴尔岛。

这里的文化和历史颇为复杂。作为人类的发源地,两万年以前这里就有人类活动。8世纪至10世纪,波斯人、阿拉伯人和印度人将此处视为环印度洋贸易中转站和防御据点,桑给巴尔因此积累了大量财富并形成城邦国家。进入到16世纪,葡萄牙人开始了长达两百年的统治。后来,桑给巴尔成为阿曼的势力范围,建立了苏丹国,并在很长一段时间里,成为西印度洋奴隶交易的中心。直到今天,桑给巴尔98%的人口都是穆斯林。1890年,桑给巴尔沦为英国"保护地"。1963年独立,但很快又与坦噶尼喀合并为坦桑尼亚。

古尔纳成长于二战之后的桑给巴尔,成长于殖民主义的背景之下。他在诺奖演说中说道:"我们这一辈人,都是殖民主义的孩子。"

1967年,十九岁的古尔纳离开家乡,以难民的身份去往英国留学。并在随后几年间开始用日记写下自己漂泊异乡的感受。这些故事最终在他写博士论文的时候,成了他首部小说《离别的记忆》(出版于1987年)的素材。

写作之余,古尔纳一直兼任肯特大学英语系教授,直至退休。

二

《最后的礼物》讲了一个移民家庭的故事。

父、母、子、女,四个人,小说以一种充满节奏感的叙事,让我们逐渐走进他们的生活,看见他们各自的秘密、羞辱和困境。

故事是从六十三岁的父亲阿巴斯摔倒在地开始的。这一天,他下班回家,突然倒地不起,送到医院后,医生诊断为迟发性糖尿病。从此，他的身体一天天地弱下去。过去的记忆开始纠缠他。

阿巴斯来自东非岛屿桑给巴尔，他对自己的过去始终保持沉默，从未把这一事实告诉给妻子儿女。他们只知道他来自东非，至于地区，他的父母是谁，他经历了什么，他们对此一无所知。

阿巴斯和玛利亚姆相识于埃克塞特。当时他三十四岁，玛利亚姆只有十七岁。他是一个好像没有过去的水手，而她是一个经历了许多寄养家庭仍不得不逃离的弃婴。在一起后，他们搬到诺里奇，组成家庭，生下了女儿汉娜、儿子贾马尔。在这里，他当钳工，而她在医院做清洁工。现在，两个孩子都已经离开家，女儿汉娜已经结婚，儿子贾马尔正在上大学。

阿巴斯的病，让两个孩子都回到了家里。四个人的故事，一点点展开。

三

我们首先看到的是阿巴斯的童年，他出生于桑给巴尔的一个贫穷家庭，父亲严厉刻薄，每一天都在重复的劳动中度过，"真是活得像狗"。幸好，哥哥违抗父亲的命令，把他送去了学校,将他推向了更多可能。

十六岁那年,他上了城里一所师范学院。他本来的命运是成为一名老师,在那个城市里安定下来。但是,十九岁那年,他永远地逃离了桑给巴尔,再也没有回去过。他的过去就此尘封,成为家庭成员永远不能触碰的谜,也成为这部小说的一个悬念。

在阿巴斯之后,我们会看到玛利亚姆的成长岁月。当然,故事也没有一次性讲完,关于她为什么逃离,儿女和读者一样都不知道。接着,是女儿汉娜(她不喜欢这个名字,改为安娜)、儿子贾马尔的故事。然后再回到父亲、母亲。

虽然这本小说的形式并不复杂,但叙事从一个人转移到另一个人,整个结构就像是一颗卷心菜,彼此覆盖,把人物一个个团在一起,团得紧紧的。最终,叙事会抵达终点,抵达这个家庭的前史。所谓"最后的礼物",指的是阿巴斯在去世之前,对着录音机录下了关于过去的回忆。

这些回忆对他来说,是负担,是屈辱,但终于,阿巴斯坦白了,汉娜和贾马尔了解到自己的来历。

四

整个故事里,最挣扎的不是阿巴斯,也不是玛利亚姆，而是汉娜。从她的改名就可以看出来，她想要融入这个国家。但是，即使她用尽力气摆脱，她的身份还是拉住她。

如果说阿巴斯一辈子都是一个异乡人，他从未真正地融入英国，他的生命是镶嵌在这里的，他永远都是一个附加物，一个临时的生命所在，那么汉娜作为移民第二代，却一直处于两个世界之间。她是英国人，但所有人一眼就可以看出来，她不是"真正"的英国人。她还有一个身份，一个连她自己都说不清楚的身份，这种身份拉扯着她，使她的生活悬在半空。她的父母困在过去，她却进退两难，无所适从。

相比之下，他的弟弟贾马尔读的专业和殖民主义相关，他对自己的身份并不回避，甚至想要搞清楚这一切。他更自洽，而汉娜更矛盾。她的矛盾让我想起正在读的安妮·埃尔诺。这位新晋诺奖得主作为一个英国的工人阶级家庭的女儿，和汉娜在某一方面是相似的。她们都必须切断自己与过去的联结，努力被新世界（那个光鲜的、体面的世界）接纳，但这个过程充满了屈辱和痛苦。

当然，汉娜的处境更加复杂。要越过这些，有时候甚至要让自己冷酷起来。在这个故事里，阿巴斯送汉娜去读书，期望她有一个更好的人生。但他需要面对的是，他们逐渐无话可说。汉娜成长的过程，就是他们逐渐疏远的过程。读到这里，或许你会理解我在一开始所说的熟悉感。我们也经历了这一切，从农村从小镇离开，通过大学留在城市，作为一个外来者，摒弃过去的一切，拼尽全力留下来。这个过程中，有些东西被丢掉了，以至于人的内心空了一块。

如同汉娜，她切断了很多东西，那些使她成为她的东西。这里面有一种自我否定，但她终于无法切断。在这个故事里，汉娜的丈夫尼克，她的公公婆婆，都来自那个她想要进入的世界。在和他们相处的过程中，她能感受到他们的礼貌，但同时也能感受到背后的傲慢。他们"无所不知、胸有成竹"，居高临下地关心世界上的一切，但其实，除了自己，他们什么也不关心。

当然，这本小说并不是为了嘲讽这种傲慢之人。它所要展开的是一种不被看见的生活，每个人的来历、秘密，包括他们的屈辱。在文字中，给他们以尊严。

文字是一种平等的媒介，在阅读这本小说的过程中，我们会直接听到主人公的想法、他们的话语。在这里，他们不再是新闻中被报道的对象，可以从那种抽象的"移民""难民"的标签中解脱出来。甚至，肤色这一显而易见的特征，也在文字中消失了。因为，当那种被观察、被观看的视角消失了,主体性才生长出来。

古尔纳的小说并没有在形式上拓宽什么边界,他所做的是让我们看见一种不被看见的生活。就像古尔纳在接受采访时说的那样,通过阅读这些小说,"我们得到了其他地方的消息。但最令人惊奇的是,当我们确实了解了所有这些时,我们意识到他们与我们并没有什么不同"。

汉语的一种风度

灵光消逝的时刻
——读《夜晚的潜水艇》

一

在阅读《夜晚的潜水艇》之前,我并不知道陈春成是谁。书的勒口上的介绍也很简短,只说是福建宁德市屏南县人,1990年出生,现居泉州。至于他经历如何,哪里求学,做过什么工作,一概不知。当然,这些从来都不重要。

我们只翻书就是。

目录显示,此书共收录九篇小说,与书同名的《夜晚的潜水艇》即头一篇。第一个句子,陈春成引用了一首博尔赫斯的诗,写的是博尔赫斯乘船渡海,于甲板上抛下一枚硬币:

> 我感到，我做出了一件不可挽回的行动，
> 在这座行星的历史中加入了
> 两个连续的，平行的，或许无限的系列

紧随着这个开头，叙事开始启动。原来，博尔赫斯只是引子，推动一切进行的是博尔赫斯的一位狂热崇拜者，一位富商。读过这首诗后，富商竟组织世界各地的海洋专家、潜艇专家和海底作业人员，去实地寻找那枚被抛入海中的硬币。

当然，硬币不可能寻得。几年之后，潜艇也在探索海沟时失事。不过，有一段不可思议的录像留了下来：一次，潜艇被珊瑚礁卡住，久久动弹不得；镜头拍到远方驶来一艘蓝色潜水艇，向珊瑚礁发射了两枚鱼雷。潜艇队员获救，那艘蓝色潜艇则像幽灵一般消失于海底，谁也不知道它来自哪里。

叙事在这里中断。我们很快被接入另外一个文本——我国印象派画家、象征主义诗人陈透纳的手稿。显然，陈透纳的这篇手稿才是小说的核心。手稿为第一人称叙述，写的是一个三十岁的男人对少年经历的回忆，或者说，写的是一个人拥有举世无双的才华，以及才华遗弃他的

过程。

这才华是什么呢?

想象力。

"我"拥有无限的想象力,随便一个听来的地名,或者一个星球,"我"都可以想象出它的过去和未来。最让"我"着迷的是"我"在想象中建造了一艘潜水艇。每个夜晚,"我"坐在书桌前,用手指敲击桌面,眼前的一切顿时变为深蓝色的海底,"我"在深海中冒险、航行。

有好几年时间,"我"一直沉浸在幻想世界,几乎把现实丢到脑后。直到高二那年,父母和"我"进行了一次谈话。"我"第一次看到他们的憔悴和无助,"高考、就业、结婚、买房,这些概念从来都漂浮在我的宇宙之外,从这时起,才一个接一个地坠落在我跟前,像灼热的陨石"。

此后,"我"决心离开幻想世界,投入现实生活。"我想象我的想象力脱离了我,于是它真的就脱离了我。那团蓝光向窗外飘去。我坐在书桌前,有说不出的轻松和虚弱,看着它渐渐飞远。"

读到这里,你会发现,这几乎是我们每个人都经历过的事情。那些毫无目的的幻想,那些可能曾经存在过的才华,最终会在成长过程中一点点消散。

毫无疑问，成长的一面是发展，另一面则是磨损。陈春成的这篇小说，像一首诗一样，回应了我们每个人生命中都遭遇过的灵光消逝。充满奇想，轻盈，同时动人。

说到诗，故事还没有结束。这篇小说的开头不是引用了博尔赫斯的诗吗？事实上，这篇小说，以及这本集子中的许多篇目，都有一些"博尔赫斯时刻"。想必你已经猜到了，正是"我"在幻想中驾着蓝色潜水艇，漫游于深海，顺手搭救了现实存在的阿莱夫号。

作者早已告诉我们："只要将幻想营造得足够结实，足够细致，就有可能和现实世界交融，在某处接通。"

二

和《夜晚的潜水艇》一样，醉心于才华，以及才华的释放、折损和消逝的小说，还有《传彩笔》《酿酒师》和《音乐家》。

《传彩笔》提出了一个这样的问题："如果你可以写出伟大的作品，但只有你自己能领受，无论你生前或死后，都不会有人知道你的伟大——你愿意过这样的一生吗？"

小说中的主人公梦到一个神秘老头，老头问了他这个问题。他点头表示愿意。于是老头送给他一支传彩笔。

传彩笔来自江淹的故事，相传江淹在梦中获得了一支传彩笔，从此文采俊发，后又在梦中将笔还给那人，此后再无佳作。但叙述者却说，这故事是讲反了。江淹本来就有才，所以才会得到笔。"得了那支笔后，他成了真正的天才，写出了伟大的诗，但无法示人，因此被误解为才尽。"

我们的主人公获得传彩笔后，才气大增，像《夜晚的潜水艇》中的陈透纳可以想象一个星球一样，我们的主人公可以写出一个平方米内发生过的一切。但才华大盛，也有一个副作用，"我变得太过敏锐，任何感触在我这都像洞穴中的呼喊，无端被放大数倍"。

更大的遗憾是，主人公写出的所有文字，只要一给别人看，纸面就会变成空白。他的所有伟大，都只有自己知道，无法传世，无法留名。后来，主人公在梦中把传彩笔给了一个女孩，醒来后才华果然离他而去。

在陈春成的许多小说中，反复出现这样一种观念：才华是天赐的，它是极大的享受，不过这种享受无法与人分享；另外，这样的才华在某种程度上也是一种危险，它会引诱拥有才华的人离开现实世界。

《夜晚的潜水艇》和《传彩笔》中的主人公都体验过才华充盈体内的幸福，不过，他们也都让渡了才华，从此归于平庸。

《酿酒师》和《音乐家》的主人公则最终被才华充满，消失于此世。

《酿酒师》呈现的才华是酿酒。故事最后，主人公陈春醪酿出一种透明的、非水非气、近乎空虚的酒。他喝了酒，"片刻后，他的皮肤透明了，全身像被剥了皮一样红艳艳的，内脏清晰可见。再过片刻，只剩一副坐着的骷髅；骷髅随即也消失了。童子在一瞬间明白：这酒抹去了他师父的存在"。所有人都忘了他。

《音乐家》中的才华自然是音乐。主人公古廖夫拥有一种绝对的通感能力和音乐天赋，在当了半辈子审查官之后，他终于"演奏"了自己的作品，然后在他的小房间中，"四散飞去了……"。

很有意思，这本集子中，几乎有一半篇目是关于"才华"这一主题的变奏。

三

讲到这里，还没有提到《竹峰寺》。这是在看书之前，就被很多人推荐过的篇目。读后，确实也觉得好。

如果要选出书中最好的两篇，我认为是《竹峰寺》和

《音乐家》。

《竹峰寺》几乎可以当作散文来读，和其他篇目相比，文字更加俊雅。这篇小说有一种遁世的氛围。写的是藏东西，或者说，写的是对乱世、对人生惶惑不定的一种抵抗。

两个关键道具，一个是钥匙，一个是蛱蝶碑。

小说的情节很淡。主人公回到故乡，发现"整个县城都在剧变"，手里握着旧钥匙，准备去竹峰寺住一住。

钥匙是"我"的"魂器"，经由它，或可抵达已经逝去的记忆。小说中，主人公还另举一例，提到大学时喜爱一枚铁铸的海豚镇纸。离开学校时，他把镇纸藏了起来，"仿佛那铁海豚就是我的分身，替我藏在我无法停留的地方"。

到了竹峰寺，"我"发现竹峰寺的老和尚慧灯也藏了个东西。是一尊蛱蝶碑。现在看来，是珍贵文物。在"文革"年代，为了不遭破坏，慧灯老和尚和一众僧人，将这块碑藏了起来。这么多年过去，竹峰寺重新发展。来了一位慧航和尚，一心做事业，扩大香火，心想到如果能将这碑找出来，肯定可以作为景点，大大提升竹峰寺的名声。

但慧灯和尚不肯。

> 慧航说，那现在寺庙不是重建了嘛，还藏着

干吗？

慧灯说，就放那里挺好，别动它了。拿出来，保不准哪天又有人来砸。

慧航一开始不解。后来终于理解，不再去找。

"我"猜到了碑之所在，不过并未声张，只是悄悄地将手中的钥匙藏在碑旁。"于是我的钥匙，钥匙里储存的老屋，老屋的周边巷陌乃至整个故乡，就都存放在这里，挨着那块隐秘的碑。"

是的，这篇小说的切口很小，读进去，却可以感觉到背后有一整片森林。我们站在森林的入口，并不往里走，而是心满意足地转身离去。有一种说不出的意蕴，好像人生中的所有灰，都藏在那里了一样。

《音乐家》是这本集子中写作时间最晚，也最成熟的一篇。故事背景设定在苏联。如前面所说，这是关于才华的释放与贬损的小说。同时，也是关于审查的故事：主人公古廖夫有着天赋异禀的音乐才能，但半辈子的工作却是审查官。

音乐怎么审查呢？它又不像文字，人人都可以理解。

陈春成想出了一个有意思的设计：审查机构招募善于通感的人，由他们将音乐转化为其他感官上的体验。例如同一段旋律，有人听出了雾霭，有人听出了湖泊……那么，最终得出一份音乐内容形象化描述，由主管领导对这份描述进行意识形态方面的审查。

古廖夫就是主管领导，但同时，他也是一位音乐家——从未发表作品，一手作曲，一手审查的音乐家。

相比于之前的作品，这篇小说更为完整，不论是情节的推进，还是人物塑造，都更让人记忆深刻。整个小说的意涵，也更复杂。不过，整篇小说读下来，还是可以感到一种近乎透明的质感，轻盈、透亮。没有一点污浊，即使他写的是这样污浊的事。

就像很多人都提到的那样，陈春成的文字极好，清丽、自然，有中文独特的美感。不过，作为小说，有些篇目还是有些蹈空了，只有句子和句子，薄，但不是轻盈，只是轻。比如，《裁云记》《〈红楼梦〉弥撒》。

总的来说，读陈春成的作品是件很享受的事，他的作品里有来自中国古代传奇的氛围，也有博尔赫斯式的玄想。

有时候读着读着，倒像是蒲松龄的那种故事，说着说着，就飞了起来，但这飞不是漫威式的，也不是西方的魔幻，而是一种仙气，一种雾霭。似乎是在现代世界里，长出一株古代的大树，坐在树下，有风，有意。

但生活还要继续
——读《逍遥游》

一

和《冬泳》一样,班宇的《逍遥游》也收录了七篇小说。拿在手里,两本书的分量差不多,但翻开来看,题材和形式都有所不同。

《冬泳》中的小说,比较集中于下岗工人的故事,篇篇交错,形成一片海潮,给人一副落日余晖的整体印象。《逍遥游》则离开了这个范围,虽然主人公仍然活动在沈阳,但下岗不再是小说的重要背景。它们各自分散,自成一体。

如果非要归纳,这一本书中,隐隐有一个更大的主题——命运，或者说生活——有一些事情发生了就发生了，人只能受着，至于具体如何接受，如何排遣，便是小说要做的事了。

形式上，《逍遥游》更为多元。七篇小说，有一半是新的尝试。它们分别是第三篇、第五篇和第七篇，正好错落在那些更稳固的小说中间，给人流动的感觉。显然，这七篇小说的位置，也一定是细细思索过的。

那么，就先说说这三篇吧，分别是《蚁人》《安妮》和《山脉》。

《蚁人》写的是中年人被生活吞噬的隐喻，不过，指向性太明显了。第一句话很有意思："我们犹豫很久，决定饲养蚂蚁。"但看了几段，大概就可以预料到结尾，总之，"蚂蚁逐渐覆盖在我身上"。

《安妮》则更为晦涩，人物由字母指代，讲的是一个小行星即将坠落地球的新闻，在B与未婚妻的生活间搅动的波纹。不知道为什么，它使我想起拉斯·冯·提尔的《忧郁症》。

最后一篇《山脉》属于后设小说。总之，是对于虚构的虚构。小说包含了文学评论、讣告、日记、采访等多种文体。叠在一起，确实是一座山脉了。

这三篇小说，游戏的成分多一些，字数也相对较少，是这本书中的休憩点。

整本书中,我最喜欢的还是《双河》《逍遥游》和《渠潮》。

二

先来说说《双河》。

这是一个在故事中嵌套故事的小说,完成度很好。主人公是一位中年离异的落魄作家。他有一个女儿,一直和前妻生活在上海,几年未见。这一阵,前妻有急事,女儿要来和他生活一段时间。

小说的外围,是他和女儿的相处,以及从朋友的讲述与回忆中,勾勒出的青春往事。但在小说中段,主人公在饭桌上讲了一个故事,是他正在写的小说,叫作《双河》。

这个故事,分三个章节,各自声部叙述。总之,每一个人物,都只讲出了故事的一部分。叙事分叉,造成迷雾,直到最后才终于补全。

这个故事里有一场死亡、一场逃离,以及一场复仇。总之是蛮离奇的。如果真把这个故事拿出来写,未见得不能写好,但似乎太工整了。嵌入到这篇小说里,达到了1+1>2的效果。一方面,讲故事,听故事,拉近了主人公与女儿的关系。另外，也是他这个落魄小说家的身份证明。

更重要的是，在一个故事里放进另一个故事，第一个故事就变成真的了。当我们从那个虚构的故事中走出来，外面这一个父亲、女儿、朋友的日常，忽然便有了更丰饶的空间感。

三

《逍遥游》仍然是第一人称叙事。不过，这一回主人公是个女人，也是一个病人。她每个星期要去医院做两次透析。没有工作，母亲去世，和拉三轮的父亲一起生活。

叙事者不称呼父亲为父亲，而是直呼其名——许福明。她看不上他，但有时又感激他。总之，他们的灵魂并不相交，生活却将他们绑在了一起。

小说的前半段，写主人公的日常生活，和朋友谭娜、赵东阳的往来。灰灰的、顿顿的，但也有热闹。

主人公和赵东阳互相有意思，但谁也没有捅破。有一次吃饭，说到旅游，大家都来了兴致。于是，便筹划去山海关玩一趟。

主人公身体很差，难得出一趟远门。去了，玩了，也累了。晚上，三人开同一间房，夜半醒来，主人公发现谭娜和赵东阳在做爱。当然尴尬,但不只是尴尬。读小说的过程中,是一种被抛弃的感觉,整个世界,再次将"我"拒之门外。

小说的结尾,"我"确实又一次停在了门外。"光隐没在轨道里,四周安静,夜海正慢慢向我走来。"

四

《渠潮》是这本书中最长的一篇。讲的是接连不断的噩耗,是生活中重重叠叠的乌云。

故事的背景,是20世纪80年代改革开放时期。兄弟两人,李漫和李迢,与父亲一起生活。父亲是老师,早年受过批斗。李漫正在准备高考,考了几次,没考上,仍然待在家里复习。李迢高中毕业,准备进厂上班。

然而,噩耗来了。李漫和人发生冲突,将人划伤,被抓了起来。

父亲早晨出门后,再也没有回来。

李迢只剩下自己一个。青梅竹马和别人结了婚,日子一路往前,自己好像被留在了原地。但生活当然还要继续。

五

这几个故事,都灰灰的,不激烈,只是暗淡。有爱情,要么是错过,要么隔着一层纸,要么是早已分开。不过,这些故事并不悲惨。特别是班宇充沛的短句,让小说流动起来。

在《渠潮》中,爱练气功的老舅,讲了一个钟馗捉鬼的故事。那女鬼原来和钟馗住一个镇上,曾被介绍给钟馗做妻,但她觉得钟馗相貌难看,没有同意。钟馗见这鬼是故人,便上前问清原委,女鬼身前嫁了人,但婚姻不幸,被丈夫害死。钟馗上前安慰,问女鬼为什么不逃,女鬼说,逃不过命,都有定数,再活一次,我也不会嫁予你为妻,你也只能去捉鬼。

这个捉鬼的故事,似乎是一面镜子,照亮了这些小说。

生活不讲如果,发生了,就发生了,逃不过命数。这样写来,故事里便多出了一份生命的庄重。

被卡住的人
——读《仙症》

一

2018年,张悦然主编的《鲤》举办了一场短篇小说竞赛,名为"匿名作家计划"。这个计划很有意思,所有参赛者,不论是业已成名的作家,还是从未发表过作品的新人,在作品刊登时,均隐去姓名,好与不好,只看小说本身。

比赛结束,一篇名为《仙症》的小说获得首奖。一开始,有人猜作者可能是双雪涛,因为写的是东北题材。等到名单揭晓,大家都猜错了,作者是郑执。

郑执的书,我之前读过一本《生吞》,喜欢得不得了,通宵看完,久久不能平静。那是一个复仇故事,也是一个纯爱故事；是一个悬疑故事，也是一个青春故事。写的是在时代的暴力之下，少年人的赤诚与善良。

不知道是不是悬疑小说的缘故，这本书虽然卖得不错，读者评价也很好，但在所谓的文学界，似乎并没有什么反应。等到《仙症》获得"匿名作家计划"的首奖，才让更多文学界的人发现了郑执。

后来，班宇的短篇小说集《冬泳》出版，所谓的"东北文艺复兴三杰"终于聚齐。

关于这"东北文艺复兴"，可能一半是玩笑，一半是事实。双雪涛、班宇和郑执乐不乐意这一标签，不知道，但这确实是蛮奇特的一个文学现象：突然之间，冒出几个80后作家都在写东北往事，而且有一些故事背景竟然也是相通的。大家把他们放在一起比较，也在所难免。

又过了一年多，双雪涛和班宇分别出了新的集子，郑执的这本小说集才终于面世。

二

《仙症》一共收录了六篇小说。

头一篇就是同名的《仙症》。班宇的《盘锦豹子》讲述了姑父孙旭庭的一生，《仙症》写的也是姑父的一生。

姑父叫王战团,年轻时当过兵,海军,"文革"时说梦话骂了船长和政委,被打成反革命分子,精神受了刺激,用奶奶的话,就是疯了。于是接回家,在工厂上班,有一阵差点被选上小组长,但病情发作,失之交臂。此后多年,常常反复,终不见好。

在小说中,叙事者"我"和姑父走得近。为什么近?或许因为"我们"都有病。王战团精神出了问题,没人待见他。"我"从小严重口吃,也是个边缘人。王战团的病是时代的阴影,他被这阴影卡住了,每日念叨着"不应该,不应该"。正在上初中的"我"卡在自己的屈辱里,终日沉默,闭口不言。

小说的叙事开始于一场奇怪的相遇:十四岁的"我"看到王战团在指挥一只刺猬过马路。

这是郑执的神来之笔。他找到了刺猬这么一个醒目又奇特的形象,让这个故事在现实的泥沼中升高半米,获得了一种恍然的鬼气。

在小说中,王战团和"我"都是被卡住的人。表现出来就是病症。有病就得治。怎么治呢?当然不能去医院,医院可以治得好病症,治不好心里的暗疾。姑姑找来了一个赵老师,有法术,神神鬼鬼,闹了好几通。

查了下资料,赵老师的功夫来自萨满教。萨满教有五大仙门，狐黄白柳灰，分别对应的是狐狸、黄鼠狼、刺猬、蛇和老鼠。赵老师说，她爹就是白仙家。白仙家就是刺猬。有一次，王战团和"我"烤了只刺猬吃，大大得罪了赵老师，得罪了白仙家。所以那天王战团在路上指导一只刺猬过马路，是试图抵消前一桩罪孽。

不过，王战团终于还是进了精神病院。他经历了儿子的车祸，自己也老了，死了。"我"呢，逃了出来，经历了抑郁，但已经结婚，步入正常人的生活。

回头来看这篇小说，我们会发现，它和班宇的很多小说是有相似之处的，他们写的都是时代的灰。只不过班宇一而再再而三不断描摹的是"下岗"这一阴云下的人与事，而在郑执这里，各有各的隐疾。

最有趣的是，小说引入了萨满教的部分，它不是离奇的，鬼魅的，而是以一种非常日常的路径进入叙事，终于将这个写实的故事，勾出了影影幢幢的另一面。如果没有赵老师，没有白仙家，故事的底子还是这个底子，但恐怕就不会有这么荒诞又凄凉的气氛。

三

除了《仙症》有些神神鬼鬼，另外一篇《他心通》也引入了神鬼色彩。《仙症》有萨满教,《他心通》则是佛教。

"他心通"这三个字就是佛教用语,乃佛教六通之一。这六种神通分别是:神境通、天眼通、天耳通、他心通、宿命通、漏尽通。简单地说,这六种神通都是高人才有的能力,而他心通,就是能知道别人在想什么。

如果要概括整个故事,就是:父亲大病不愈,母亲找来会他心通的蒋老师传法,使父亲答应去世后以佛家法事下葬。终于,父亲病危,一行人来到荒郊孤村,此地已聚集几十个人,各有各的道行,事情朝着奇怪的方向滑去。

整个故事写的是父亲的死亡和葬礼,但整个小说的叙事、节奏和氛围,都使我想起一些西方的恐怖片。作为恐怖片爱好者,我常常看到这种亚类型,即恐怖的主要手段来自某种神秘的宗教仪式,去年的《仲夏夜惊魂》,就是一种。

当然,郑执的这篇《他心通》还不至于是恐怖小说,但整个故事的节奏,是很类型化的。相比于《仙症》中的隐喻,这篇小说虽然有更多的宗教细节,却也更看重情节这一端。如果改成悬疑电影,也是可以的。

接下来聊一聊我最喜欢的一篇《凯旋门》。相比于《他心通》的情节化,这篇小说又回到了《仙症》的写实感,甚至没有《仙症》那么飘,是扎扎实实的叙事。主人公叫时建龙,三十二岁,待业,健身达人,本来想打比赛拿下两万元的奖金,不料用肱二头肌夹啤酒瓶给伤着了,基本告别健美圈。他平日和母亲住在一起,写点旅游稿件,赚些零花钱。

故事发生在1999年。时建龙忧心三件事:千年虫、肱二头肌、海绵体。小说写的是时建龙的小小搁浅,事业、爱情,等等,一切都在晃荡之中,不安不定,面目模糊。但这篇小说最动人的,或者说,作者一直要写的,是父亲。不论叙事滑向了哪里,总是会在不留神的时候回到父亲。有一个细节,让人记忆深刻。那一天,时建龙和妈妈聊起父亲火化那天,烧炉的老头说烧不化,让他自己试试。时建龙上手钩了一下,"钩中了我爸的三角肌,就一下,整条膀子就掉了,变成一摊黑灰"。

作者写道:"我心想,直到我爸死了,我也不清楚他是个啥样人,但他不喝酒的时候脾气更好是真的。你说呢?"没人回答。叙事很快转向别处。

这篇小说写到千年虫,写到马华的健美操,写到那时候的时代氛围,但到底,还是在写一个人生活中的小关节。一条河的淤塞。

这不是绝望的,我们知道,一切都会过去。但这一段生活，也值得被记录。它是那种晃荡和不定的日子，也是每个人的生活中都会有的游离时刻。

四

除了《凯旋门》，我还喜欢最后一篇《森中有林》。这是一个在结构上颇为复杂的故事，有好几重声音交替讲述，勾勒出了一家三代人的经历，其中有爱与凄苦，有伤害也有复仇。

这一篇，其实郑执是回到了《生吞》的叙事模式。它是一个好故事，不像《仙症》偶尔还神神叨叨，烟雾弥漫。它没有。它扎扎实实，步步为营，像一个精密的机器，每一个齿轮都严丝合缝。

和《生吞》一样，这个故事里有一场犯罪。不过，在叙事的前半段，我们一点也感受不到它的到来。它就像一个多米诺骨牌的设置，等到所有要素全部就位，轻轻一碰，那一场雪就下了下来。

在这篇小说里，郑执展现了更强的控制力。相比于《生吞》中的生涩，这篇小说的叙事则更加扎实、饱满，虽然是个短篇，却犹如一个金属球，你拿在手中，找不到缝隙，只感到沉甸甸的。

就像很多人说到的那样,这是一篇很适合影视化改编的小说。它有悬念,有人物,有情节,有细节,每一个部分都做得足够好,让人可以一头扎进去。唯一偏弱的可能就是最后一部分,两个孩子的他国相遇,巧合又巧合,虽然不错,但有些过于圆润了。

我不打算复述这一篇的梗概,这篇小说的重点所在,就是情节构造。好的地方,除了前面的控制力,就是细节。正是细节,使得这种强情节的故事不容易显得虚假。

当然,就整本书来说,我也很喜欢郑执的语言。或许是"东北天赋",郑执的对话写得尤其顺畅,语言很有节奏感和现场感。同时,在很多篇目里,字里行间,都散发着浓浓的生活气和幽默感。这也是难得的质地。

它们琐屑,却也发光
——读《海边的房间》

一

这几年读到不少台湾作家的小说。黄国峻、童伟格、林燿德,每一个人都很不同,每一个都让我惊喜。我以为差不多了,应该差不多了吧。没想到,还有黄丽群。

对我而言,黄丽群是突然出现的。在网上搜索她的名字,资料不多,只知道她出生于1979年的最后一天。毕业于台湾政治大学哲学系。写作二十年,拢归一处,只一本小说集《海边的房间》。

《海边的房间》2012年由联合文学首次出版。前段时间,出了简体字版。不是原样复刻,而是添加了三篇新作，又去掉了几篇旧作。但终究，黄丽群名下，还是只有这一本小说集。

该怎么形容黄丽群的小说呢？我想，它首先是都市的。她所写的故事，都发生且必须发生于都市。都市里，人们摩肩接踵却互不相知，地铁上一眼望去那么多人，一到站，轰地散开，每个人身上都有秘密。

黄丽群写的就是这些不被看到的秘密，它们可能是卑琐的、阴暗的、破败的、有毒的，但它们确实存在，啃咬着那些"坏掉的人"。

秘密，是黄丽群小说的机关。在叙事中，秘密被掩藏起来，直到关键时刻，突然暴露，获得一种惊异的效果。

《海边的房间》就是最好的例子。这篇小说，一开始很平静，写一个女孩和继父一起生活。直到那件事发生。是的，就那么发生了。莫名其妙，又如此合理。好像作为读者的我，也一直在等待什么。但真的发生了，还是让人不解，这里面有一种平静的爆破，好像电影里的镜头，轰轰炸弹，但没有声音，动作变慢，世界在那里停止。小说已经结束，你还没有缓过神来。

这篇小说使我想到奥康纳，特别是她那篇《善良的乡下人》。在那个故事里，一个装了假腿的高傲的老姑娘，打算勾引一个推销《圣经》的小伙子。他们坐在房顶上约会，年轻人诱使她把假肢取下来，然后拿着她的假腿跑掉了。

故事戛然而止，没有人知道那个年轻人为什么那样做，或许他有特殊的癖好，但那癖好如何产生，对那个年轻人意味着什么，无人知晓。那个小伙子本身就是一个谜。他跑掉了。留下主人公和读者，永远处于一种震惊和不安里。

《海边的房间》几乎使用了相同的叙事机制。继父走进女孩的房间，脱掉她的衣服，一个相对来说比较容易猜到的秘密是：继父侵犯了她。但不，虽然那一段描写极尽欲望，但作为中医的继父忽然施展魔法般地在女孩身上扎针。然后，她瘫痪了。

回头再看小说的第一句："离开市区，搬进海边的房间，不是她的主意。"当然不是她的主意，她已经无法行动，每日瘫睡在床上，看着窗外的海，幻想自己砸破窗户，游进未来。

这里的恐怖，有一部分原因在于叙事者对发生的一切没有愤怒，没有批判。叙事的语调永远是克制的、冷静的，这使得读者孤立无援，无依无凭。

《海边的房间》由第三人称视角展开叙述，但视野狭窄，辐射不到远处，永远停留在女孩的周围。我们大概能够推想继父这么做是为了留住她,但是,这一切是怎样发生的,为什么会发生,没有人可以给出答案。继父就像那个抱着假腿跑掉的年轻人,不被解释,或者说,无法解释。

最后,我们——偶然瞥见这一切的读者——被排除在外。那个房间仍然坐落在那里,叙述却结束了。

二

和《海边的房间》一样令人感到毛骨悚然的,还有最后一篇《猫病》。这两篇小说,大概写于同一个时期,不知道为什么放在一头一尾,倒也对称。

《猫病》的主人公是一位五十岁出头的女人,在百货大楼停车场做收费员,和一帮年轻人合租,"一边目睹自己生命中各种想象一盏一盏熄灭,一边干燥地慢慢结局"。

有一天,她捡到一只小猫。那么可怜的小猫。她把它带回家,照顾它。那是一只小母猫,很快发情了。她带它去宠物医院,见到那位帮猫咪看病的男医生,已然熄灭的欲望重新燃烧起来。

黄丽群好会写这种压抑又隆起的欲望,那种撕咬,那种焦灼。她写医生的那双手,"干净接近苍白,指甲宽而平坦，骨节刚强"，好像充满色情意味的特写镜头，"她就一直看着他的一双手"。

为了再次见到医生——你可能已经猜到了——她将猫咪的脚掌划破，找到理由再去宠物医院。再去，再去。温情的故事，陡然转向惊悚。最后，这个故事里流下了血。残忍和欲望纠缠在一起，阴森凄厉，同时又万分悲凉。

大概黄丽群早期的小说，都比较猛烈。这样的故事，容易被看见，但也有讨巧之嫌，我看到有人批评黄丽群过于整饬的叙事，使小说变成一种机警的游戏。这并非没有道理，但我还是喜欢。一方面是折服于这种精准的控制力，以上两篇，每一个字都是机巧，一切早就设定好，等着你入瓮，虽然看完之后，可以两手一挥，但写出来，是另一回事。另一方面，黄丽群的文字极好，一种属于中文的好，这是看翻译小说无法获得的享受。

三

除了极端的欲望，黄丽群还特别擅长写人的弱点。她写的往往不是成功人士，反而是那些被挤压的人，他们的受伤与伤害。这样的小说，可能会刺伤人。因为这里没有一清二白的立场。处于低位的，不一定就是清白的，反而，可能也有自己的丑恶。

对这些人物，黄丽群常有讽刺，但也饱含同情，或者也不是同情，而是接纳。人，就是这样。好的，坏的，都在这里了。这些小说，不负责批判，不负责匡正人心。而是把那些藏在角落里，没人注意快要烂的布头，拿出来抖落抖落。

《贞女如玉》就是这样的小说。主人公叫如玉，但并不美丽，这名字就是一着讽刺。关于她的长相，黄丽群是这么写的："她粗短。脖子两腿、十指头发、嘴唇鼻梁。"总之，平凡到不能再平凡，从小到大没有被人喜欢过，在房地产公司做中介，从来没有人担心她会被骚扰。自己存钱买了房，父母脸色还不好看，因为"除了儿女一生中没有机会优越谁。她不声不响买房子这样物质的小胜利非常不孝"。

一直以来，她都是被挤压的人。她没有机会抒发自己的欲望，发展自己的情感。

整篇小说，交错叙事她的过往，以及她的一次按摩经历。她常来按摩，消解疲乏，也享受被人抚摸的快感。在这个故事里，作者引诱出如玉的欲念，也在最后展现出她的脆弱和狠毒。某些方面，黄丽群很像张爱玲，那种看破再看破的毒辣，那种冷，甚至是那种不惜翻拣出自己最不堪的部分给你看，对自己也狠毒的气势，都很像。

与《贞女如玉》气质相近的，还有一篇《当一个坐着的人》，里面有一句话，"别人身上的苦头，尝起来舌根甘甜"，真实到没人敢相信。

四

《试菜》是整个集子里我最喜欢的一篇。它不同于早期小说的猛烈、毒辣，相反，它是温柔的。

当然，这里面也有一个谜。一对中产夫妻，每天去各式各样的餐厅吃饭，叫一大桌菜，只他们两个人。这是妻子的意思，反正要吃饭的，反正儿子要结婚的，到时候总要办酒席，那么现在，不如到处去吃吃看，遇见好的饭馆，可以定下来。于是，每天试菜。吃不了打包，冰箱里已经堆满。

为什么？为什么夫妻两人要这样子吃？

为什么丈夫是知道的。丈夫知道，但丈夫不说，仍陪妻子去吃。读到中段，我们也感到不对劲，隐隐猜到了，又不愿往那里想。

最后真相大白。大儿子几年前自杀，没有理由，妻子无法接受，仍假装孩子还活着。

你看，这篇小说的叙事视角也是第三人称（以丈夫的视角展开），我们也被隐藏了关键信息，这里也有一个古怪的人（妻子），但最后故事却并不导向恐怖，而是悲伤，甚至是爱。

这是因为妻子的动机很好理解，她的不正常是一种正常的反应。一旦我们可以理解，就可以共情。黄丽群在这里，依然动用了她精巧的叙事结构，只不过这里没有惊异，反而是极大的理解与悲痛。有一部电影《阳光普照》，里面的儿子也突然自杀了，说不清楚原因，成为家里的一个洞。无论如何，剩下的人，要带着这个洞活下去。

与《试菜》对应的，还有一篇《卜算子》。这篇小说写得早些，2010年。也有一个秘密，也关于亲情。写父子俩最后时日的相处。一日一日，重复，又是难得。

2017年，黄丽群在一席做了一次演讲，题目是《大命运上的小机关》，人这一生，很多事情说不清楚，遇上了就遇上了，就算生离死别，也没有办法，只能承受。但如何去承受，如何去面对，里面有很多无奈，也有尊严，和人之所以为人的东西。它们琐屑，却也发光。

总之，《海边的房间》这本书可以一读再读，黄丽群的语言特别细密，你总会漏掉一些什么，等待下一次拾取。

生活的洪流
——读《春山夜行》

《春山夜行》是韩松落的首部短篇小说集。我很喜欢这本书的装帧和书名,有一种在夜里独行的孤独与阔大。

我最早读到的韩松落的书,是他的《为了报仇看电影》,那已经是十年前的事了。我很喜欢他谈论电影的角度,以及书中透露出来的对于故事的沉迷。后来,我也读过很多他的散文,尤其喜欢《怒河春醒》。

《春山夜行》收录了十五篇小说,最早的一篇写于1994年,最晚的一篇写于2022年。算起来,这些篇目横跨了他的整个写作生涯。用他自己的话来说,是一个回顾展。在早期的小说中可以看到那种充沛的情感流动,在这两年的小说中,文字则收束了许多,控制力也变强了。

一篇篇看下来，感觉到一种时间的痕迹。但终究，你还是可以看到韩松落不同的气质，他的野生状态，他的荒原感，和对于黑暗、幽深、疯狂、毁灭的兴趣。

在这本书的后记中，他回顾了自己的阅读和写作生涯。第一次写故事，大概是在五六岁。他用彩色铅笔，画了三页纸的画。只不过，画面上不是太阳公公，不是房子花朵，而是一棵盛开着花朵的树，树下有两个人，一个人躺着，被杀了，身上插着一把刀，另一个站着。这是一幅关于凶杀场面的画。

他小时候成长于新疆南部的一个劳改农场，日常听到的都是各种罪行和刑罚。他说："这是我的感受力的起点，红色的野花和杀人放火的罪行，碧绿金黄田野埋藏着尸体，远在天涯的月亮下的家，与诡异世界只有一墙之隔。"我很喜欢这句话。一种残酷的、望向深渊的美。

我还记得，在《怒河春醒》那本散文集的最后一部分，韩松落写的是他从报纸上看来的各种惨烈新闻。比如一个女人下班后掉入没了井盖的下水道，消失了。比如一个村子发现了一种生财之道，男人到坟地里去挖尸体，女人在家里把尸体煮了，然后剔除肉块，最后把骨骼作为人体标本卖掉。

在我们的日常生活中，往往有一些不可理喻的惊悚，它看起来如此反常,却一再地发生。我们一方面把它们从生活里剔除,一方面又忍不住朝那里张望,想要把深渊看得清楚一些,那里面一定藏着人最深的秘密。

在他20世纪90年代的早期写作中,我最喜欢的一篇是《妈妈的语文史》。和其他几篇不同,这一篇小说有一种涌动的、喷薄的情感,同时写得又很沉着,很自由,有一种萧红的苍凉,甚至更加黑暗一些。它写的是一个女孩的成长,她和妈妈之间的关系,以及,那一片犹如《小城畸人》中的土地。在这里,你会看到一个疯狂地破口大骂的母亲,一个有着自毁倾向的人,"她把生活使她受到的伤害、感到的绝望转化成这些污言秽语,既打消她自己对生活的希望,也要打消我们的希望"。

这是一种来自匮乏的自毁,"时至今日,那种表演欲还是存在,那种毁掉一切的冲动也还是存在,那种源于贫穷、源于被侮辱的自弃,那种一旦快要拥有什么时心生的恐惧,都还存在"。

这种自暴自弃,这种毁掉一切包括自己的行为,是一种绝望的反抗,甚至带着某种堕落的美。或者用韩松落的话——凄怆。他的很多小说,写的就是这种从悬崖坠落下去的过程。

后期的小说,我很喜欢《天仙配》和《五怪人演讲团》。

《天仙配》是一个关于"疯女人"的故事。叙事围绕着索兰,但不从索兰的视角展开。索兰对于读者也是一个谜。她就像我们生活中的那种被指指点点,被议论,却终究无人理解的人,她活过了,她失踪了,她回来了,她死去。一个很寂寞、很悲伤的故事。

《五怪人演讲团》用了一种近乎新闻体的文字风格,展开了一段生活史。很奇妙的组合,五个各有暗疾的人,被选出来去各地演讲。在20世纪90年代,整个世界像建立在一个滚筒之上,一切都在迅速地变化、瓦解、变异。在这个故事里,作者还加入了白银案,"杀人狂仍在活动,他们和杀人狂生活在同一个城市里,呼吸同样空气"。它成为一种背景,一种惨烈的现实,一切生活都在同步进行。

读这篇小说,我记住了一个词——"生活的洪流"。他写的就是生活的洪流。

雨林里的百年孤独
——读《猴杯》

说到马华文学，必定绕不开李永平、张贵兴和黄锦树。

李永平是第一代，出生于1947年。1967年高中毕业后，赴台湾大学外文系就读，后居留台湾。

张贵兴是第二代，他比李永平小九岁，1976年赴台读书，之后定居台湾，写作、教书。

黄锦树再晚一些，出生于1967年，和李、张的路径一样，1986年赴台求学，后定居台湾，写评论、小说，也在大学教书。

李永平的书，早几年大陆已经出版过《吉陵春秋》《大河尽头》等。

黄锦树的小说，之前出版过《死在南方》，这两年，相继出版了《雨》和《乌暗暝》。

张贵兴的小说，这两年推出的《猴杯》值得关注。

一

《猴杯》这个书名，听着就很雨林。

有论者说，这是张贵兴"雨林三部曲"之二，不过张贵兴自己并不认可什么三部曲的说法，"只是背景正好都在婆罗洲的小说而已"。

那么，《猴杯》是一本怎样的小说呢？

它很难形容，很难讲述。

第一个难，是《猴杯》本身拒绝归纳，张贵兴以繁复绮丽、汁液四溅的文字，讲述了婆罗洲华人与达雅克人之间长达百年的家族恩怨。虽切入多重历史事实，却又缥缈如神话。

再有，张贵兴使用中文的能力，好如巫师。全书鬼魅摇曳，一字一句生起雨林丛莽，猛然扎进去，眼前闪过一个又一个残忍情欲的画面，恍惚间，不知道在梦的第几层。

第二个难，是《猴杯》携带了大量的异质经验，完全不同于我们过往阅读的中文小说。

那些无处不在的野生动物——犀鸟、大蜥蜴、猴子、红毛猩猩、狐狸、蛇——盘踞在小说的各个角落，伺机而动。书中有两场动物大战——家猫大战毒蝎和总督（犀牛）大战蜥蜴，写得声势浩大，澎湃汹涌，充满野性和生命力。

动物之外，还有潮湿繁盛的植物。首先就是猪笼草，也就是书名的"猴杯"，源于猴子喜欢喝捕虫瓶里的汁液，故名之。这种长着长长袋子的植物，本身就有一种死亡与情欲的气息。在小说中，张贵兴将它们作为达雅克族人的图腾，繁衍出了一个"猪笼草家族"。

还有丝绵树。故事中，祖父永远坐在树下，吐着烟球，世事苍苍，生生死死，只有丝绵树永在。

以上，是地理差异造成的恍然。

另外，英国殖民者、日本人、马共、马来西亚政府，堆堆叠叠的历史，也是我们必须拨开的迷雾。

当然，不了解也未必不可以，就像不了解拉丁美洲一样可以享受《百年孤独》。但知道得多一些，可能也会懂得深一些。

倘若你还有兴趣，下面我且做一些简单的介绍。

马来西亚的历史，并不很长。其国土分为两块，一半在马来半岛，称"西马"；一半在北婆罗洲（包括沙捞越和沙巴），称"东马"。

前面提到的三位作家，李永平和张贵兴来自婆罗洲岛的沙捞越，黄锦树则来自西马南部的柔佛。虽然都属于马来西亚，还是有细微的差别。据张贵兴在采访中介绍，沙捞越的历史，可追溯到1841年。那一年，英国人詹姆士·布洛克因协助文莱苏丹平息内战，获赠一小块国土，建立沙捞越王国。

此后，除二战时被日本人占领三年八个月，布洛克王朝统治沙捞越一百多年。二战后，世界格局大变，布洛克家族将沙捞越让渡给英国。沙捞越遂成为英国殖民地。

及至20世纪60年代，全世界的殖民地纷纷独立，在英国人的首肯和鼓动下，1963年，马来亚首相东姑阿都拉曼联合新加坡、沙捞越、沙巴和马来亚联邦，组成马来西亚。不久，新加坡又独立。

至此，沙捞越成了马来西亚的一部分。但是，追溯历史，沙捞越和马来西亚并没有什么干系。这里本是雨林，居住着达雅克人等原住民。清末民初，大量华人移居此地，开垦种植园，形成不小的人口规模。马来西亚成立时，华人和达雅克人占当时沙捞越人口的60%，马来人只占区区15%。

正是这一层原因，李永平曾公开拒绝自己马来西亚人的身份。他小时候生活在英国统治下,后奔赴中国台湾,对中国有乡愁,对沙捞越有认同感,对马来西亚却没有什么情感。

马来人统治沙捞越之后,当地华人受到很多不公平待遇,引起了暴动,断断续续几十年,从另一个角度看,这正是华人的抗争史。

正如《猴杯》中的祖父所说的那样,许多华人的期望是离开就不要回来。

二

回到那个问题:《猴杯》是一本怎样的小说?

或许,可以用《百年孤独》来对照。《百年孤独》的前半段,仿若世界新生,万物初始,一切都在建设和壮大之中,有一种蓬勃的生机。后半段,混乱、衰颓,整个家族萎靡不振,直至世界末日。对布恩迪亚家族而言,有一种不知名的强力,决定了他们的命运。他们在命运之中,却无能为力。有如拉丁美洲诸国。

《猴杯》里也有两个家族,一个是主人公曾祖创立的余氏家族;一个是与余家有血仇的达雅克人家族。在这部小说中,作者回溯了曾祖创下家业的拓荒史,那些棕榈园、玉米园、凤梨园、胡椒园、甘蔗园，是余家光辉岁月的象征。

余家也如同布恩迪亚家族一样，命中注定地衰败了。不过，命中注定与命中注定不一样。布恩迪亚家族是被"诅咒"了，余家却有一点自食恶果的意味。

在这部小说中，暴虐、残忍之处，比比皆是。有动物与动物之间的交战，更多的是人与人之间的互戕。

那时，胡椒价格飙涨，曾祖觊觎附近黄家的土地，陷害黄家，向日本人告密，"使黄家三个大人遭鬼子枪毙，小女儿在红毛丹树下遭奸杀"。黄家的女儿有一只红毛猩猩，"日军走后，猴子徘徊树下不去，尝试将主人头颅接回脖子上"。此即曾祖所做恶事之一。其余，对种植园劳工的压榨，占领达雅克人的地盘，与达雅克家族血战等，不一而足。

小说叙述这些往事，并不带情感倾向，暴虐、情欲，如同雨林丛莽，没有是非，只是生生死死。不过，整部小说的主要线索，其实是达雅克人的一场复仇。他们设了一个局，将主人公引入雨林深处，衍生出一段好像《现代启示录》里的漫游一般的旅程，最后，大局收紧，余家血债血偿。

虽说这里有两个家族，但小说的重点还是在余家——

余家的兴起、繁盛和溃败。其中，更着力的，是这溃败。从祖父及至孙子雉，似乎都有一种乱伦、杂交的自毁倾向。祖父强暴收养的孙女，雉和十二三岁的学生发生关系。他们从内而外的溃败，好像是雨林的自我消化。小说末尾成百上千只大蜥蜴袭击祖孙家园，恰如一场末日。

余家的百年故事，也是华人在沙捞越的百年历史。正面看，是华人的拓荒史；反面看，是一场掠夺史。

这种角色和安排，与黄锦树小说中的主人公们的位置决然不同。在《雨》中，辛一家是外在暴力的对象，而在《猴杯》中，余家是施暴者，最终被雨林消化。

三

上面这些，其实是事后总结。真读小说，只是惊叹连着惊叹，并不太运用理性思考，到处是感官场面，暴力横陈，肆虐炸裂。

很少有人不迷失于张贵兴的中文巫术，他完全打破了常规的中文组合，带来了完全不同的表达，粗野、狂虐、原始。不管你喜不喜欢，都是一种强力的震撼。

全书第一句话，是这样的：

> 雉每次站在走廊上看见河堤下暴涨的臭河时就会想起那条溪底布满人胆猪心状石块的小河。

"人胆猪心"这四个字很醒目。你很难见到,有人会这么形容石头。

第二段的第一句话:

> 河岸竖立着一棵老榴梿树,叶密如册,枝干出水痘似的结着数百颗榴梿,大如猪头,小如猫头,部分早已熟透,开脐出鸡仔黄肉核,仿佛肛开屎出,反常地不落地。

这更加不得了,榴梿为何会用头来对比?而开裂,怎么"仿佛肛开屎出"?这种奇怪、生猛的比喻,在书中简直数不胜数。

到第三页,张贵兴就描绘了一幕骇人的猪笼草景观。在巨大的猪笼草中,盛放着一具具婴儿的尸体。在那些较小的捕虫瓶中,漂浮着婴儿的小手、小脚、头颅。

情欲、残忍、野性。人、动物、植物。历史、家族、回忆。全部交织在一起。密密匝匝的阅读感受,恰恰似一片森森的雨林。

有风有太阳的文字
——读《遥远的向日葵地》

一

胡适、鲁迅以来，白话文也一百年了。一百年，细细看一遍，李娟很特别。周作人、汪曾祺、梁实秋，他们的散文好，好在沉静有余味。他们和中国古典散文一脉相承，身上有文人气。这文人气，不一定是好东西，它是一种生活方式，而这种生活方式会排除掉很多生活层面。如果活得不够丰盛，心性不够大，就容易被这文人气伏住，越逼越紧，走到一个窄小的角落里，孤芳自赏，自娱自乐。

真正能和文人气对抗，驾驭得住，同时生命力旺盛的人，才结得出好果子。比如阿城，他的文章，有很强的古典气蕴，但同时又很野，能够撒得开。木心也是一样，他骨子里是叛逆的。有这种张力，才写得好。

写作，特别是散文写作，技巧性的东西永远是第二位的，第一位的是人。你是一个什么样的人，就写出什么样的文字。如果你这个人是面目模糊的，那么文字即使锤炼得工整漂亮，也是死的。

所以说，一个好作家的产生是很难的。生命力旺盛的人有许多，但许多生命力旺盛的人都看不上文字，他们的生活本身已经足够精彩和激烈，文字太安静、太平面了。

写作者，大多偏静。像植物，不像动物。李娟身上当然有这一面，否则她不会渴望用文字表达，但同时，她又有荒野的那一面。就算是植物，也是荒原上的向日葵，而不是江南庭院里的水仙。

李娟不是思辨型的作家，她非常依赖生活经验。她对这一需求的回应是走入更广大的生活中去。

2007年，李娟离开办公室，随扎克拜妈妈一家一起进入深山牧场放牧。

2008年，她存够五千块钱，辞去阿勒泰地委宣传部的稳定工作，到江南一带打工、恋爱、生活。同时开始回忆那段日子，一边写，一边在《人民文学》发表，大约用了三年时间,终于写成《羊道》。

2010年,李娟又接受《人民文学》非虚构写作计划的邀请,在当年冬天随哈萨克牧民一起进入冬牧场。后来的《冬牧场》就来自这段经历。

并不一定经历得多就能写得好,但生活永远是写作最好的老师。到目前为止,李娟最好的作品仍然是《冬牧场》和《羊道》。它们完整、丰富、连绵,冲破了散文窄小的面目,将水聚成河,终于形成景观。这也是抱负,散文集子可以写,但长篇的散文作品,更需要心力和决心。

二

2017年,李娟有两部新作品问世,一本是《记一忘三二》,一本是刚刚出版的《遥远的向日葵地》。前者是专栏文章结集,后者是一次更有主题性的写作,写的是十年之前,也就是她辞去工作前后的那几年。

2007年,她在牧场里和牧民一起生活,她的妈妈在荒野里承包了一百亩地,种向日葵。后来,她出去打工,妈妈继续种向日葵。

这本书围绕的就是那片向日葵地,也是她的家。李娟从小到大,搬过无数次家。小时候住在兵团农场,也回过四川，后来和妈妈一起随哈萨克牧民四季迁徙，开小卖部，再后来去到城市。书里有一篇《回家》，写她回来参加外婆的葬礼，她走在陌生的小路上，远处是成片的向日葵，终于看到蒙古包，听到了赛虎的叫声，"认出床板上的旧花毡，接下来又认出床前漆面斑驳的天蓝色圆矮桌，认出桌上一只绿色的搪瓷盆"。于是终于可以确认，"没错，这是我的家"。

这个家，有很多成员。有外婆，有妈妈，有继父，有两只狗丑丑和赛虎，有鸡，有鸭，还有兔子，后来还有一只厉害的猫。书中写到一家人去散步，浩浩荡荡，一字排开，气势动人。

写到家，自然离不开人。李娟的妈妈和外婆，我们在很久之前的《阿勒泰的角落》和《我的阿勒泰》里已经认识了，在这本《遥远的向日葵地》里，妈妈还像以前一样，生机勃勃，即使葵花地亏了一年又一年，还是兴高采烈，元气十足，热爱散步，热爱骑摩托，热爱丑丑和赛虎。

而外婆去世了。书中《外婆的世界》《外婆的葬礼》两篇，尤为感人。李娟身上的元气，好像正是从外婆身上，流传到妈妈那里，再到了她这。

其实，李娟的生活，很长一段时间都是很苦的。只是,她很少在笔端透露,她总是有办法把灰头土脸的生活写得意趣盎然。但这本书里,她些微地袒露了自己的孤独和脆弱。

天凉了,住帐篷太冷,正好旁边的水电站职工宿舍有一间空房,可以搬过去,但是那间房以前是牛圈,满屋的牛粪。要住进去,必须清扫。李娟弯腰铲粪,一层又一层,好像永远铲不完。

她写:

> 我满头大汗,灰头土脸。不但越发疲惫,更是越发孤独。
>
> 一边挖,一边想,这大约是一个永远也不会属于我的房间吧,所以才如此抗拒我。
>
> 突然间好羡慕除我之外的世上所有的人,隔壁的职工,村里的酒鬼,甚至是我家雇佣的短工。他们生活稳定有序,行事从容不迫。

这是很少见的,李娟透露自己的脆弱。大多时候,她都是嬉皮笑脸的,对家人,对读者。

我想了很久,我喜欢李娟的一个原因正是她的文字里没有自怜意识。写字的人,因为敏感,很容易自怜。而自怜、自我感动,永远无法写出有风有太阳的文字。

三

《遥远的向日葵地》由很多篇幅短小的文章连缀而成,可以独立成篇,汇集到一处,又成为一条河流。

时间从里面流过,我们看到那片坚硬的泥土上,有人在种向日葵,虽然一年一年歉收,但生活仍然继续。

李娟在后记里写道:"它们远不止开花时节灿烂壮美的面目,更多的时候还有等待、忍受与离别的面目……但所有人只热衷于捕捉向日葵金色的辉煌瞬间,无人在意金色之外的来龙去脉。"

她写的,便是这来龙去脉。

生活在别处

这个时代,还有人要看游记吗?

《马家辉家行散记》包括三本书及一本小册子。

《死在这里也不错》这本书名取得好,写的是在世界各地的旅行札记;《温柔的路途》形式相近,不同的是目的地以东南亚国家为主;《你走过的和我走过的不同的路》由两部分组成:一部分取自旧版《日月》,主要是马家辉在美国芝加哥和麦迪逊读硕士和博士的生活札记,另一部分则是太太张家瑜的旅途笔记。

我一向爱读旅行文学,不过马家辉的这些文字和常见的游记很不一样。用三个字概括,便是:短、随、情。

短,指的是文章短,每篇文字不出千八百字。这也许是专栏的限制,又或者是作者的选择,我不知道,但这确实是一件很重要的事,文字的体量,也会决定内容。长文可以将一趟旅程娓娓道来，甚至借助小说的手法，加入插叙、倒叙，将旅行变成一个完整的故事。这当然是很好看的，詹宏志的那本《旅行与读书》，就是这样的写法。但短也不全是缺点。因为短，所以轻，轻可以是轻薄，也可以是轻盈。我非常喜欢的一本游记，阿城先生的《威尼斯日记》，文章篇幅就很短，但毫无疑问，那是一本尤为出色的书。从任何方面来说，都是如此。

随，可以解为随意，或者随性。这既体现在旅行上，也体现在叙述上。旅行中，马家辉可不是专业人士，他怕坐飞机，经常拉肚子，置身人多的地方就胸闷，遇到著名景点，也不一定非要去看看，比如黄鹤楼，他就没登，只想回酒店睡觉。他一点也不像以旅行为工作的专业行者，倒更像我们这些普通人。想要出去玩玩、看看，但也并不以身犯险，只是走走看看，累了，乏了，也不着意。不仅随意，甚至有点随便。但这份随便，不也是一种自由吗？谁说旅行就要十八般武艺样样精通，对景点如数家珍，还要不断发生故事？就做一个随便的旅者，有何不可？

情，可以解为情绪，也可以解为更为广义的"情"。抒情是中国文学的传统。古来文章，旅行游记，莫不是写景、抒情，很少叙事，即使是记事，也是淡淡记之，绝不会敷衍出故事来。这确实是一件很可玩味的事情，在中国古典的游记中，写下的往往是"我"看到、想到了什么，或状物，或写景，或抒情，一切人事都当作景来看，是静观。我们借由作者之文字，看其所看，观其所观，感其所感，游记不要求故事。

随手翻到张继的《枫桥夜泊》：

月落乌啼霜满天，江枫渔火对愁眠。
姑苏城外寒山寺，夜半钟声到客船。

每念一遍，都会在眼前幻化出那幅江景，不知道为什么，总觉得画面里有雾，而且感到冷和寂寥。虽然没有发生什么，但到处都在发生。这是中国人旅行的感发，恐怕需要一颗安静的心。写者，读者，都是如此。如今，世事嘈杂，文字也如此，没有包袱，没有故事，没有高潮，是不足道的。

民国年间那么多散文大家，其实继承的也是这样的写作系统，然而在如今的互联网时代，这样的文章，是少之又少了。扯远了。想说的是，在旅途中，处处生情，也是一种难得的能力。当然，马家辉的文字中，并不全然都是精彩，但这个人即景，由景生情的气质，却也难得。

写到最后，试着总结一下当下旅行文章的写法。

一是印象式的，此乃中国古典文人游记的传统。其特色，就是"个人即景，由景生情"。马家辉、舒国治，都是此类。

二是浸入式的，这更倾向于如今所说的"非虚构"。虽是非虚构，对标的却是虚构。前面提到的詹宏志，即是这么写。其特点，当然就是极强的现场感和代入感，看起来颇爽。这派人物，厉害的比如保罗·索鲁。

三是知识性的，旅行倒不是重点。曾经很风靡过一阵的林达游记，就是此种。张佳玮的一些游记，也是如此，知识、典故为主，自己的观感则隐退。

以上只是写法不同，要写得好，用什么写法，都可以写得好。只是，在这个时代，还有人要看游记吗？这或许是一个问题。

关于旅行的无限清单

旅行时要不要带书?

保罗·索鲁的回答是:一定要。

所以,我将《旅行之道》装进背包,坐上了去往顺德的火车。这是一场短途旅行,从深圳出发,总共不过一个小时的工夫。

按照保罗·索鲁的定义,这算不上一场真正的旅行。我更像是他笔下不遗余力讽刺的观光客:手中带着攻略,一路奔向目的地,体验早已预设好的体验,然后离开,从未深度介入,只是观看和消费。

在这个时代,只要你想,几乎可以去到世界上的任何地方。但是,我们的经验却越来越相似,越来越贫乏。我们总是去那些热门的景点打卡,去被标记为五星的餐厅吃饭,我们不再相信偶然,不再闯入未知,一切都发生在巨大的网络之中,安全且无聊。

我可能永远无法成为一名合格的旅行者,但幸好,我还可以做一个旅行文学的阅读者,在纸上跟随那些野心勃勃的旅行家前往一个又一个未知之地。

我第一次体会到旅行文学的魅力,是几年前第一次读保罗·索鲁的《老巴塔哥尼亚快车》,那是一本像大河一样丰富、像飓风一样充满力量的书,写的是他从波士顿出发,一路南行,穿越北美、中美、南美,最终抵达大陆最南端——巴塔哥尼亚高原的旅程。

虽然这趟旅行的目的地是巴塔哥尼亚高原,但这本书并未对目的地进行描写。他到了,然后转身回家。他的游记中从来没有景点,他只是出发、经历,甚至,那经历的过程也不算愉快,他写的只是将自己抛向陌生世界的过程。就像詹宏志所说的那样,保罗·索鲁"是一位反省'旅行'本身的旅行者"。他不仅敏感、毒舌,而且善于将我们拉入现场,只要进入了他的叙述,读者就会像阅读小说一样跟随他的声音一路走到最后。

阅读保罗·索鲁是愉快的,但我很快发现,游记几乎已经是一个濒临绝种的文体。在书店"旅游"标识的书架下,根本找不到几本真正的游记。放眼望去,要么是攻略书，要么就是打着旅行旗号的心灵鸡汤或故事会。那种给人深刻浸入感的游记，少之又少。一方面，当然是因为这个世界再也没有未竟之地；另一方面，或许还在于许多人都抛弃了文字。随着新媒体的发展，互联网上诞生了许多旅行博主，他们穿着光鲜华服，出现在世界各地的景点、酒店。他们制造了一种幻想，一种永远生活在别处，耀眼、明亮、五彩缤纷的生活。

于是，有人会问，既然可以用照片、视频来记录旅途见闻，为什么还要劳烦文字？这并非仅仅是守旧，而是因为文字确实有其不可替代之处，它不像照片和视频那么直接，但它需要旅行者有更多的观察、更多的思考和更多的孤独。你必须独自一人走向世界，必须充满探索世界的欲望和勇气，而不仅仅是把一切都作为可供消费的景观。

就像保罗·索鲁在《旅行之道》中所说的那样："最热情的旅行者往往也是热衷阅读和写作的人。"他自己就是这样一个人。一个永不停歇的旅行者，一个孜孜不倦的阅读者。

保罗·索鲁出生于1941年，他大半辈子都在路上，五大洲除南极洲以外，他都去过。就在2019年，他才刚刚出版了一本自驾墨西哥的游记《蛇之平原：墨西哥之旅》。

不过，他最早其实是以写小说为志业的。20世纪60

年代,准确地说是1963年,保罗·索鲁大学毕业,加入了美国和平队,被派遣到非洲马拉维教书。之后,转入乌干达马凯雷雷大学,在那里结识了后来对他影响很大的印度裔英国作家——也是日后获得诺贝尔文学奖的——奈保尔。他和奈保尔之间亦师亦友,后来的反目成仇也是一段文坛八卦。

再后来,索鲁离开非洲,到新加坡大学英文系教书,1971年又迁往伦敦,定居英国。这时候,他不想再当个教书匠,而渴望成为一名自由作家。但是,现实窘迫,虽然已经出版了几部小说,但收入不佳。为了摆脱经济窘境,索鲁和出版商谈妥,进行一次长途旅行,然后出版一部游记。拿到一笔预付金之后,索鲁从伦敦出发,乘火车横跨了欧洲,经土耳其进入亚洲,然后经过伊朗、巴基斯坦、印度、新加坡、越南等地,最后到达日本。那是1973年,他花了四个月的时间完成了这趟旅行,并出版了《铁路大巴扎》。此书一经出版,立刻成为畅销书,并跻身旅行文学经典之列。从此以后,索鲁再也不必为生存烦恼,走向了真正的自由作家生活。

继《铁路大巴扎》之后,保罗·索鲁还进行过很多次壮游。比如《到英国的理由》写的是他在英国环岛的旅程;《在中国大地上》写的是他在中国搭火车的旅行经历;

《赫丘力士之柱》则是他环行地中海的记录。不过，我手中的这本《旅行之道》，和上面这些游记都不一样。它不是一本关于某一次旅行的记述，而是一本关于旅行的清单，或者用他自己的话来说，是"一本旅行指南、一本旅行入门书、一部包罗万象的杂言集锦、一本随身携带的袖珍手册、一份阅读清单，以及一份回忆录"。

这本书出版于2011年，那一年他刚好七十岁。你可以把它看作是一个旅行文学的大巴扎。在书中，保罗·索鲁开列了二十多个关于旅行的主题清单，就像翁贝托·埃科所热爱的那样，保罗·索鲁将他一生的阅读和旅行经验和盘托出。

这本书几乎囊括了旅行中我们可能会遇到的所有问题。比如文章最开头关于旅行时要不要带书的话题，就出现在关于行李的章节中。保罗·索鲁阅读了大量旅行文学，整理出许多有趣的片段。

比如，布鲁斯·查特文在旅行时会带上万宝龙钢笔和他亲自装袋的穆兹利麦片；亨利·米勒建议横贯美国的旅行者带上一个千斤顶、一把活动扳手和一根短撬棍。

皮克·耶尔则开列了一张不必带的清单：先入为主的看法、iPod、照相机、旅行计划、朋友（大多数情况下）、手提电脑、耳机、防晒乳、摘要、期望。

关于要不要带一个朋友，大家看法各不相同。总是一个人旅行的乔纳森·拉班说：

> 和同伴、妻子、女友一起旅行，感觉总像关在玻璃罩里的鸟，那种里面摆着飞鸟标本的维多利亚时代玻璃器皿：你们已经是一个独立自足的世界，外面的世界难以穿透。你必须以类似赤裸的方式走入世间，把自己暴露在它的影响之下，从这一点上讲，假如挽着你最亲密、最挚爱的人一同旅行，你决不可能在世界面前完全交出自己。你不可能看遍一切；不可能结识任何人；不可能听闻任何事。你什么也经历不到。

保罗·索鲁发现，许多作家的游记看起来像是独自旅行，实际上都有同伴随行。奈保尔写出过好几本著名的印度游记，他在印度旅行期间，太太全程陪着他，但在奈保尔的书里，只提到了她一次。

关于旅行，这本书还列举了许多有趣的主题。比如交通工具，有的人偏爱火车旅行，有的人偏爱徒步，也有的人青睐自行车，但很少旅行者热爱飞机。还有那些最惊险的旅程，那些想象出来的旅程，那些最危险的目的地，那些盛名难副的地方，等等。

粗略计算，这本书提到了三百多本书，四百多个作家。如果你阅读过大量的旅行文学，你就会遇到老朋友。而我，有点像到了一个陌生人的聚会，气氛很好，却总是有点怯生生的。但我仍然眼睛发亮，在座的各位都是闪闪发光的人物，这些只言片语，实际上是一封封邀请函，邀请我们去阅读更多的书，邀请我们去走更多路。

这本书会成为旅行文学爱好者的大本营。我们会一次次重新回到这里，一次次重新擦亮它，并从中获得能量。

非洲在哪里?
——读《穿越非洲两百年》

一

互联网时代,整个世界触手可及,但我们每日所见所得,不仅碎片化,而且单一,就算偶尔收到来自遥远国度的讯息,也常常只是猎奇式的围观。好像我们并不那么关心世界。或者说,我们并不关心我们之外的世界。

这其实也没有什么。把自己照顾好,生活好,已经要竭尽全力。如果还有余力,有兴趣,去了解一些别人的生活,你可能会发现世界之大,之辽阔,之无情,都远远超出我们的日常经验。

这里说的"了解",也只是读读书、看看资料影像而已。不像郭建龙,他仿佛有无穷的好奇心和行动力,从印度到蒙古,从中东到非洲,这个世界快被他走遍了。

并且,他的走,不仅仅是旅行而已,他还是一个观察者,一个记录者,一个业余的历史学家,一个仿佛来自19世纪的探险者。

这一点,很容易让人想起何伟,他们都对具体的人事感兴趣,也都对这一切是如何发生的,进行追问。

不过,对比起来,何伟的"中国三部曲",是将自己放到具体的生活之中,从自身出发,编织一张时代之网。郭建龙在这本《穿越非洲两百年》里所做的,虽有自身经验,但更多的还是历史梳理,他试图帮我们回答:非洲各国独立了半个世纪,真的还是那么穷、那么乱吗?有多穷?有多乱?为什么这么穷、这么乱?

二

说起来很惭愧,虽然学过地理,但非洲有多少个国家,各个国家都叫什么名字,在什么位置,我知道得很少很少。至于它们的历史,就更加模糊,近乎一无所知了。

当然,从大历史的尺度上,我们都知道,人类起源于非洲,但我们要谈的不是这件事,而是眼下的非洲,以及它何以至此的原因与过程。

我们提起中东，会说那是一片破碎之地，其实非洲更是破碎，而且无辜。

其无辜之处在于，非洲是被迫卷入了现代世界的巨大旋涡。在欧洲人来到之前，非洲人有自己的世界观，自己的生活范式。很多地方还没有国家的概念，只是众多部落。但为了殖民方便，欧洲各国强行划定边界，捏合重组，留下了许多种族冲突、宗教冲突的祸根。

相对来说，英国人倾向于将每个殖民地视为一个完整个体，允许他们拥有独立的议会机构和经济形态。这样，独立之后，不至于茫然无措。

法国人则将每一个殖民地看作是一个"器官"，它们没有权利独立生长，有的只种花生，有的只种可可。因此，当他们独立之后，想要达到真正的经济独立，付出的代价就要更加巨大。事实上，很多原非洲法属殖民地国家，直到今天，依然不得不依赖法国。

不过，在所有殖民地中，最糟糕的，还是比利时人控制的殖民地。比利时三块主要的殖民地，都陷入了最悲惨的境地。他们刻意挑起民族对立，刚果的内战、卢旺达和布隆迪的种族大屠杀，都要追溯到比利时人的统治。

等到二战结束，国际格局重新洗牌，或自愿或被迫，欧洲各国都开始放手殖民地，但留下的创伤和困局，至今还没有完全解决。

郭建龙在非洲游历了十七个国家，看到各种当地的困局。他常常追问，如若换一个领导人呢？如果换一种方式，会不会好一点呢？

答案往往是否定的，非洲的问题并非一两个强人可以解决。"虽然它们独立了，但每一个独立的碎片都积累了大量的问题，信仰、种族、经济、国家之间，存在着大量的摩擦，非洲的国家不得不花时间来缓解这些摩擦。"

三

实际上，这本书的主要内容，就是对非洲各个国家，如何走到如今状况的梳理。特别是对非洲各国领导人的回顾。据作者总结，非洲领导人，到目前为止，大概经历了三代。第一代领导人，往往是领导国家独立的领袖。他们虽然充满理想，却不懂搞建设，有些甚至是文盲。民怨四起，于是第二代领导人上线。他们很多都是军人出身，武装夺权，走向独裁。终于，几十年摇摇摆摆，很多国家都迎来了第三代领导人。他们受过高等教育，对于非洲问题有更加深入的思考。正是在这一代人的领导下，非洲终于进入了一个相对稳定的发展期。

当然,这里面有很多原因。不过,据作者观察,中国和印度的崛起,对非洲的发展起到了非常重要的作用。西方国家虽然经常援助非洲,但带来的议题太超前。在某些地区,人还吃不饱饭,西方的青年人却在号召保护动物,甚至为了动物,鼓励人保持原始生活。相比之下,中国和印度的影响就更为务实。中国产品的进入,使工业品的价格在非洲出现了断崖式的下跌,也让人们享受到了更多的物质文明。与此同时,印度廉价医药的进入,也让非洲人的寿命大幅度提高。而这都是稳定发展的基石。

失落与离散
——读《失落的卫星》

一

在《失落的卫星》三百多页的旅途中,我跟随刘子超的叙述,深入中亚腹地,去往遥远的帕米尔高原,去往荒芜衰败的咸海,去往陀思妥耶夫斯基的流放地塞米伊。当然,还有无数我记得和记不得的城市:比什凯克、托克马克、卡拉科尔、奥什、苦盏、杜尚别、塔什干、马尔吉兰、撒马尔罕、布哈拉、希瓦、努库斯、阿斯塔纳、阿拉木图……

我迷失于一座城和另一座城之间,能牢牢抓住的,只有刘子超的文字。在这些文字里,我进入一个又一个国家，认识一个又一个陌生人，和他们一起上路，然后分别。我不用担心天气、签证和食物，不用害怕语言不通，我安全地抵达，坐在咖啡馆里。

毫无疑问，阅读这本书是幸福的，但同时也伴随折磨。折磨我的并不是记不清的人名和地名，事实上，正是这些数不清的人名和地名，像一个个图钉，将这片风沙弥漫的土地固定下来。折磨我的是一种被阅读勾起的意愿，是数不清的燃起又熄灭的念头，或者说，是对自己凝滞生活的不满。过去几年，我去过不少遥远的国度和城市，但始终保持着距离。刘子超在采访中说，"旅行是有共情的探索，度假是解压式的享受"，而我可能处于两者之间，既不是旅行也不是度假，而是"观光"，一种假装的旅行。这多少让我感到羞愧。

阅读这本书，我再一次确认，游记——这种古老的文学体裁——并不会因为照片和视频的流行，而失去生命力。影像包含一切，远比文字来得直观而丰富，但或许正是因为文字的局限，所以创造了一个只属于叙述者的世界，它脱胎于真实世界，又不同于真实世界。在这个世界里，不仅有风景、故事、谈话，还有观察、思考、情绪，在每一个字与字的缝隙里，都蕴含着无数可能。

或许是因为记者的职业训练，刘子超完全没有虚浮的文艺腔，一字一句，扎扎实实，干燥而清爽。同时，它们并不贫瘠，在很多段落我们会看到诗意，那也是文字无可替代之处。不过，游记在当今世界的困局，除了图像的强势之外，还有一个严峻的现实，那就是再也没有未竟之地。打开电脑，地球上的每一个角落都唾手可得。虽然我们仍然生活在有限的时空，但因为抵达的可能，很多人反而失去了对远方的好奇。游记的摆渡作用，正渐渐降低。

对此，保罗·索鲁的办法是，创造一条与众不同的旅行路线。比如从美国一路南下，直到世界尽头的巴塔哥尼亚高原，或者环地中海，造访欧洲文明的起源地。一条独特的旅行线路，让游记摆脱了介绍某地的基础功能，而获得了独一无二的价值。

中亚！这也是让人兴奋的选择。至少在目前的中文世界里，仍然是一片不被书写的土地。这么一想，我们好像确实没有什么大游记的传统。只有文人的印象式游记，写了一遍又一遍。那种需要几个月在路上，不断深入某地的旅行书写，一直阙如。前几个月读到郭建龙的《穿越非洲两百年》，很喜欢。不过那还不是游记，虽然他也在非洲大地上来来往往，但那本书的重点不是行走，而是历史。或许，这也说明，中文游记的世界才刚刚开始，还大有可为。

二

读完《失落的卫星》,我对中亚的理解并没有增加多少。我仍然搞不清楚各个国家的民族构成、历史脉络,甚至连它们在地图上的方位,也没有那么清晰。这是我的愚钝,但另一方面,也是因为我觉得这些没有那么重要。我可以通过阅读更多中亚研究,打开谷歌地图,来获取相关知识。

但游记并非历史书写,一本缀满知识点的游记,并不会显得高级。在我看来,游记最重要的一定是直接经验,换句话说,是作者的观察与行动。只有作者的观察与行动力太弱,才不得不搬出历史和文化的救兵。而好的游记可以将历史时空与当下观察结合起来,拉出一幅清晰且纵深的图景。

刘子超的《失落的卫星》正是如此。在这本书中,通过一城一城、一地一地的跋涉,即使我们不能搞清楚中亚各国的分界,但因为见识到了一个又一个活生生的人和他们的生活,而对中亚有更切实且充满温度的感受。

比如,那两个住在伊塞克湖附近的女人,她们是俄罗斯人,因为苏联解体,滞留了下来,"虽然她们出生在这里，却不属于这里"。

比如，去莫斯科寻找丈夫的阿丽莎。在吉尔吉斯斯坦，有三分之一的男人去俄罗斯打工，很多在那边认识别的女人，又成了家，就不再回来。

比如，困守在咸海的中国人，他姓王，被称为"咸海王"，他被公司派到这里采集一种可以加工成虾饲料的虫卵，一个人在荒无人烟的咸海边生活了七年。而这附近，是快速消失的咸海，附近的渔村，以及那些古老的生活方式。

读这本书，穿梭于中亚腹地，感受最深刻的是：失落与离散。

直到目前，"大部分中亚依然是一个深陷历史与宗教传统，囿于地缘政治和民族主义，面对全球化裹足不前的地方"。它们曾经有过辉煌，但随着丝绸之路的衰落，"整个中亚陷入更深的隔绝与疏离，成为地图上的一个黑洞"。

20世纪，许多民族被外力捏合在一起，等到世纪末，问题迅速暴露出来，和非洲一样，许多民族问题像刀子一样不停地割开伤口。

而《失落的卫星》的好处是，它不止可以读一遍。它并不是旅行参考指南，它不提供任何攻略，它令人着迷的是它本身。

中亚，中亚
——读《中亚行纪》

一

游记和游记很不一样。我喜欢保罗·索鲁，他的游记有十足的现场感，读起来就像自传体小说。看他的书，不光是看旅程，更是看他这个人，他的所思所想、他的反应、他的记忆和行动。这种游记，把个人经验浓缩在一段旅途之中，写得好，既需要强烈的感受力，也需要一种将自我和盘托出的坦诚。

刘子超之前有一本写欧洲的《午夜降临前抵达》，里面就是无边无际的"我"。我的喜好、我的经验、我的情感，形成一个小宇宙。整个旅程，就是这个小宇宙的边缘不断和外部世界碰撞的过程。其中可能有撕裂，可能有融合，但总归是"我"在这个世界上行走。相比之下，《失落的卫星》中的"我"就少了一些。它不只是文学和艺术，也有更加坚实的历史和现实。

如果我们把游记写作画一道光谱，《失落的卫星》大概位于光谱的中间。至于最右边，则是知识类的游记。写一个地方，就是写那个地方的历史、文化、政治、社会状态。读这样的书，作者并不怎么现身，更多的是让你加深对这一地方的了解。而且，不仅是感性的了解，更是一种抽象的、整体上的把握。

这一类游记的难点，不仅在于知识的密度，更在于处理大量材料的能力——是否能把信息编织在一起，而不枯燥。如果能够处理得当，同时还有开阔的眼界和独到的观点，就是上上之作了。算起来，林达的《西班牙旅行笔记》大概可以归于此类。还有简·莫里斯，她写的《西班牙》不仅更加抽象，同时也更富洞见和一种头脑的性感。

这几天，我又看到了这一种游记的佳作——来自挪威作家埃丽卡·法特兰的《中亚行纪》。

二

埃丽卡·法特兰出生于1983年，曾在哥本哈根和奥斯陆大学学习，2008年获得社会人类学硕士学位。精通英语、法语、俄语、德语、意大利语和西班牙语等八种语言。2013年她踏上了前往中亚的旅途，并在2014年出版了记述这一段旅程的游记。

在这趟旅途中，她走遍了中亚的五个国家，包括最难获得签证的土库曼斯坦。事实上，她去的第一个国家，就是土库曼斯坦，接着是哈萨克斯坦、塔吉克斯坦、吉尔吉斯斯坦、乌兹别克斯坦。

这五个国家，有很多相似之处。比如，在1991年之前，它们都是苏联加盟共和国的成员国；比如，它们的名字后头都有个"斯坦"（斯坦这个后缀来自波斯语，意为"地方"或"土地"）；比如，它们都很穷，处于内陆，几乎与世隔绝。

正是因为这些原因，对于不属于这些国家的人来说，很难把它们分清楚。我读完《失落的卫星》时，曾对它们做过一番细细的分辨。这回读《中亚行纪》，正好是重温旧梦，换一个导游，又踏上这片土地，好好地走览了一番。

三

这一番"重走",我印象最深的有两处:一是土库曼斯坦总统的独裁统治;二是吉尔吉斯斯坦的抢婚。

先来说土库曼斯坦。这个国家相当割裂,农村几乎赤贫,首都阿什哈巴德却建得颇为豪华,充满未来主义的建筑、奢华的购物中心,还有八车道的大马路。这里有世界上最大的封闭摩天轮,连公交车站都有空调。

土库曼斯坦前总统萨帕尔穆拉特·尼亚佐夫——人们更多地称他为土库曼巴希——是世界上最怪诞的独裁者。他将自己当作圣人,宣布土库曼斯坦进入黄金时代。他禁止女性化妆,禁止马戏和歌剧,因为这些不够土库曼。因为他不喜欢狗的气味,土库曼斯坦也禁止养狗。2001年,他出版了《灵魂之书》,收录了他的演讲。于是,这本书被纳入小学和大学的课程大纲。《灵魂之书》还是驾照的必考科目。

吉尔吉斯斯坦的抢婚,则更加诡异。从外部视角来看,这个行为就是绑架女孩,并强迫结婚。不需要任何的条件,你想和谁结婚,只要把她绑到家里就可以了。

十九岁的玛利亚姆本来是大学生,在参加闺蜜订婚宴的时候,被闺蜜的未婚夫绑架,最后嫁给了他。二十一岁的萝扎是在下班回家的路上被绑架的,她已经在比什凯克生活了三年,远离了村庄,但还是被同村的男人绑走了。

据社会学家罗素·克莱恩巴赫研究,他估计吉尔吉斯斯坦有三分之一左右的婚姻都是这种类型。在农村,这一数字在50%以上。也就是说,一年有一万一千八百个年轻女人被绑架,平均到每天,是三十二个。

农村的男人除了绑架和强奸,根本不知道怎么找老婆。他们的祖父母、父母和村里的家家户户就是这么结婚的。当男人带着绑架来的哭泣的姑娘回家时,祖母已经站在那准备好了白色披巾。年长的女性会施加压力,"我们也是被绑架的,我们也过来了"。它成了一种命运。

人们称这是中亚游牧民族的传统。但是,这种所谓的传统,实际上始于苏联时代的集体化时期,在苏联解体后盛行。

作者问一个养鹰人:"如果有人绑架你的女儿,你觉得没关系吗?"养鹰人会回答:"只要他们有一套好房子,为什么不行呢?女儿早晚是要嫁出去的。"

四

在这本书中，可以明显看到苏联带来的影响。就像作者说的，历史上波斯人、希腊人、蒙古人、阿拉伯人、土耳其人都入侵过这里，但是没有哪一股外来势力，像苏联一样深入、系统地干预了中亚人的日常生活。

郭建龙的《穿越非洲两百年》写到很多非洲国家面临的困境，与中亚五国颇有相似之处。大家看地图就会发现，非洲的国境线好像切蛋糕一样，整整齐齐。这是因为，这些国家根本就不是自然生长出来的，而是由西方殖民者任意分割的。看起来很平整，但是完全没有考虑到当地的部落、民族、文化的复杂性，为日后一些国家的种族冲突留下了病灶。

在经济方面，西方国家并不把非洲各殖民地看作完整的国家，而只是把它看作一种资源，导致很多地方的经济构成特别单一，经济体系不健全。苏联对中亚的安排也遵循相似的逻辑。中亚很多地方被规划种植棉花，经济作物过于单一，他们没有办法自给自足。在20世纪30年代初，苏联遭遇了一次长期饥荒，超过一百万哈萨克人死亡，相当于四分之一左右的哈萨克斯坦本土人口。又因为种棉花，改变河流的走向，导致咸海萎缩、消失。

五

因为看过《失落的卫星》，不免会拿这两本书做比较。虽然都是中亚，但他们看到的、记录的，都是自己独特的经验。

对刘子超而言，中亚最突出的特点，是苏联的影响。这本书的名字，也叫"失落的卫星"。作为中国人，对苏联在中亚留下的痕迹，肯定会有一种奇妙的感受。因为，那个大时代投下的阴影，曾经也落在我们的身上。

同时，刘子超的游记有更多的"我"。他的游记，更加文学化，更加注重自己的独特经验，而不是要向大家展示一个完整的中亚形象。"我的经验"是很重要的，他对于中亚的理解，也更为复杂，有更多情感上的联结。

相比之下，法特兰的视角，就完全是外部的。她自己的存在并不显著，她比较少写到自己，更像是一个报道者、一个观察者，互动的部分比较少。即使是有互动，写起来也更像是长篇新闻报道。不过，在她的游记中也有两个突出的地方：一是她较为关注政权，对每一个国家的政治情况介绍得比较清楚；二是她的写作确实有一些被忽略的女性视角。

英国的穷人
——读《贫穷的质感》

一

王梆的新书《贫穷的质感》出版了。我之前在《单读》上看过同名文章,对王梆幽默、准确、充满细节的文字印象很深。那篇文章写的是王梆在伦敦生活的经验。我去过一次伦敦,作为游客走马观花,记住的只是一些碎片,博物馆、公园、双层巴士,对于当地人的具体生活,毫无感知。王梆则不一样,她不是短暂停留,而是扎根当地生活。除了做自由撰稿人,她还给游客做翻译,甚至上门给人按摩。

有一次,她去到一个高端别墅,开门的是一个五十来岁的台湾女人。她本以为遇到了大客户，没想到这位阿姨其实是保姆。她在这家做了五年多，如今孩子大了，她又多病，被雇主辞退。按摩完毕，阿姨给了王梆五英镑的小费，但她高兴不起来。一个光鲜的世界失去了魔力，她忽然撞见了这座大城中的缝隙，许多人从这缝隙里掉下去，不见踪影。

在序言里，王梆说之所以写这篇文章，是因为想要追问"在一个发条不断失灵，只能持续疯转的老牌资本主义社会里，跟不上速度、随时会被离心力甩出去的人，如何才能有尊严地活着"。

作为一个移民工、一个女性、一个穷人，她也是可能会被漏掉的人。所以，她的视角很自然地看向英国社会的底层。

二

这本书的副标题是"王梆的英国观察"，但这里的观察不是纸上谈兵，她自己的生活也嵌入其中。

一开始，她在伦敦贫民区租住多年。后来和丈夫一起搬到乡下，她还是公益机构"食物银行"的成员，见过许多挣扎在贫穷线上的人。

大体来说,这本书所呈现的正是穷人的英国,或者说,英国的穷人。

作者的一个基本立场是反新自由主义的。在很多文章中,作者都旗帜鲜明地站在穷人的立场,声讨新自由主义带来的恶果。在《年老的隐喻》中,她通过众多采访,向读者呈现了另一个被漏掉的群体——老年人的糟糕处境。在《英国乡村纪实:当田园遇上全球垄断资本主义》中,她则融合自身的生活,呈现了一幅经济凋敝、传统瓦解的乡村图景。

在书中,作者不止一次追溯英国社会的变化,其中的关键节点,便是撒切尔夫人上台。

二战之后,英国施行了很多福利政策,比如廉租房、医疗保险、教育津贴。这些福利让普通人的生活有所托底,不至于堕入贫困的境地。一个人只要老老实实地工作、交税,就可以过上有尊严的生活。但随着撒切尔夫人上台,政府终止了这一切,水电、铁路、石油、钢铁等公共资源陆续私有化;廉租房被贱卖,房价高涨;英国的贫富差距越来越大。

数据显示,"最近四十年来,只有最富有的那15%的人获得了真正的收入增长,剩下的人全都遭遇了相对的收入萎缩"。

王梆所写下的,正是在这一背景下,具体的人与事。

三

通过这些文章,我们不仅看到了第一世界的背面,同时也对新自由主义有了更具体的感知。在这本书里,作者提到过很多次英国人对"贫穷"的歧视——富人不仅看不起穷人,还指责他们懒惰。

这样的论调,其实不光出现在英国这样的老牌资本主义国家,即使是在中国,也很常见。或许在经济高速发展的过程中,大家会陷入一种错觉,过分地看重自身努力的作用,而忽视了时代进程。而当经济增速放缓,社会阶层固化,贫富差距越来越大,穷人就被远远地抛下了。

作者在书中抨击撒切尔夫人将人们从福利制度中剥离出来,任由市场无情地践踏人的尊严。但回望历史,我们的父辈何尝不也经历了这一切呢?这不仅仅是英国的问题,而是全球的问题。因为新自由主义并非只在英国,全世界都是它的领地。

怎样的制度才是最优解,可能永远没有完美的答案。但这本书至少向我们展示了目前新自由主义格局所造成的困境,一种慢性癌症。

四

除了诸多弊端,还有一篇《英国民间观察》,呈现了另一个视角下的英国社会。

这里的民间社团就像人体中的毛细血管,遍布英国社会的角角落落。光是在作者居住的村庄附近,就有图书馆、自然保护小组、份地小组、老年活动中心、回归野生森林小组、社区食堂等诸多社团。它们各有职责,在政府之外,提供了一种来自民间的支持。

在英国,以公益为主的民间社团超过了169000家。2018—2019年,36%的英国人不定期地义务从事着至少一份社团工作,每月定期从事义务工作的人数则高达22%。一个具体的细节是,每一个村都有图书馆。并且这些图书馆不是来自政府,而是由民间社团支撑。在这些民间社会中,有一种难得的公共意识,一种项飙所说的"附近"。

王梆的好处,在于她处在那种生活中。她参加许多公益活动,她自己种地,她结交当地的朋友。她带来的消息不是干巴巴的,而是充满具体的人的故事和经验,这一点弥足珍贵。

老外吃在中国
——读《鱼翅与花椒》

20世纪90年代初,英国女孩扶霞从剑桥毕业,来中国背包旅游。途经成都时,被一家路边的苍蝇馆子彻底收服,她在书里写,"至今我仍然记得那顿美餐的每一个细节"。闻所未闻、见所未见的中国菜让扶霞大开眼界。于是,几个月后,她又回来了。这一次,她申请了川大的奖学金,研究的是中国少数民族历史。但是填表的时候,她心里想的是"鱼香茄子、豆瓣酱红烧鱼、火爆腰花和花椒的香味"。

来成都后,她每天走街串巷寻觅美食。吃得不过瘾,还总是跑到人家后厨去一探究竟。在成都的第一年,她还和德国朋友一起去四川烹饪学校上了短期课程。后来,奖学金到期，她干脆辍学，真的进入了一家烹饪学校，系统学习川菜。怎么使用切、片、斩、捶、刮、剁各种刀法，怎么调控火候，怎么调出适合的酱料，川菜的精髓，她一一研习、拿下。

回国后，她进入伦敦大学念硕士，毕业论文就是关于川菜的。后来她还出了一本川菜菜谱，将她心心念念的四川美食付诸笔端。

此后，她走上了美食家的职业生涯，到处去吃，然后写出来。《鱼翅与花椒》是她的第三本书，2006年就出版了，只是等到如今才有了简体中文版。

看《鱼翅与花椒》，会想到何伟，也就是写出《江城》《甲骨文》和《寻路中国》的彼得·海斯勒。

彼得·海斯勒是美国人，20世纪90年代来到涪陵，从此扎根中国，记录下20世纪90年代至21世纪头几年的中国故事。扶霞是英国人，也是90年代来到中国，她坐守成都，吃遍中国，不仅写下自己的美食之旅，还记录了那个年代中国的一个切面。

虽然和吃相关，但《鱼翅与花椒》不是菜谱，也不是散文小品，而是一本扎实的纪实作品，不光是吃，还饱含记忆与情感。她在书中写下了很多故事，很多人。

比如谢老板。谢老板四十几岁，开着一家担担面店。

脸上坑坑洼洼，肤色被太阳晒得深深浅浅。气质有点厌世，有点愤世嫉俗。他永远冰着一张脸，不管你怎么热情地打招呼，也只是和往常一样问道："啥子面？"

这家面店就在川大附近，虽然不起眼，味道却非常棒。扶霞想弄到配方，谢老板当然不给，软磨硬泡，才勉强让扶霞看了调味料，后来去得多了，终于搞到秘方，记在了小本本上。

那个时候，她到处去吃。骑着自行车，从东城到西城，穿梭在一排排杂乱的房子，古老的街道，和原木结构的建筑中……她当时没有想到，她其实也见证了一个后来再也看不到的成都。

2001年，她再回成都，政府正在大刀阔斧地改建，谢老板的店面周围都是残垣断壁。谢老板不知经历了什么，面部温和了许多，见她来，"投来热情的目光，差点就笑了"。他们并没有叙旧，扶霞也没有过多探问谢老板的故事，但这一段浅浅的相交，还是让人动容。后来，她再也没见过谢老板。不过，她把他的担担面菜谱出版了，全世界热爱川菜的人都能看到。

有人问，为什么书名叫"鱼翅与花椒"？扶霞说："因为它们表示在西方人眼中的奇异：花椒的麻味西餐里没有；鱼翅嘛，代表对西方人而言最神秘的菜肴。"

这是一个西方人才会有的认识，也是这本书最好看、最宝贵的地方。扶霞首先是一个西方人，她拥有西方人的视角，如此，她才会看到我们习以为常却无动于衷的细节。但同时，她又敢打破禁忌，不仅自己经历了一场饮食文化的洗礼，改变了固有的饮食习惯，也在示范和提示一种观念：吃，其实是一种文化的对话，而破除偏见，才能体会到更丰富的美好。

这本书的开头，就是一场饮食文化对撞的现场。那时，扶霞第一次来中国，在香港停留，表哥请她吃中餐，点了一盘皮蛋。面对这一"黑暗料理"，扶霞做好了各种心理建设，可是吃到嘴里，还是难以下咽，甚至感到恶心。幸好扶霞保有一颗开放的心，没有就此给中餐打上一个"恶心"的标签，而是不断地尝试和探索。要知道，对饮食的偏见，可能是我们每个人都逃不过的执念。我们对于豆花是甜的还是咸的，粽子是包红枣还是包肉，都一直争论不休。外国人对中餐的偏见，更是由来已久。13世纪末，马可·波罗便不无厌恶地写道，中国人喜欢吃蛇肉和狗肉。直到2002年，《每日邮报》上还刊登过一篇名为《呸！切个屁！》的文章，告诫读者，"中国菜是世界上最阴险狡猾的，中国人成天吃的就是蝙蝠、蛇、猴子、熊爪子、鸟的巢穴、鲨鱼的鳍、鸭子的舌头，还有鸡的爪子……"。

虽然扶霞并没有这么深的偏见，但打破原有的观念，其实也是一次次粉碎自己安全网的过程。比如说，中国人在菜市场里直接杀鸡宰鱼的血淋淋的现场，曾让她困惑、惊讶，但她慢慢了解了食材新鲜的重要性后，便开始理解、接受。

她一再向我们示范，打开自己，才能撞见美味。比如说，她第一次看到兔脑壳。没有耳朵，没有脸皮，尖尖的牙齿一览无余。"光想想有人吃这个，我就要吐了"，但是，有一个晚上，她一个人跑到路边摊觅食，几杯酒下肚，就此吃下了第一个兔头。"一切两半，撒了点辣椒和葱花"，味道好得让人陶醉，从此，她每周六晚上都会点炒兔脑壳儿来吃。

对于花椒，她也是一点点适应的。她说，花椒相当于香料世界的"跳跳糖"，这是西方世界里没有的味道。在中国待得久了，她开始体会到中国人独有的口感，她发现"嫩""滑""爽""麻""味厚"这些形容和感觉，在西方是不存在的。

她在书里提到很多次西方人对中国饮食的偏见，比如西方人对中国人吃鱼翅的谴责，她的回应是："西方人谴责中国人吃鱼翅当然容易啦,因为他们自己根本不想吃。但我们会为了环境,放弃寿司、金枪鱼三明治和便宜的汉堡吗?"这当然不是说吃鱼翅就是对的,她也绝无此意,而是指出一种现象:我们太容易抱着偏见去指责别人,却不愿意哪怕更进一步地去了解一点。

我很喜欢她下面这两段话:

> 如果你在另外一种文化中沉浸多年,它会改变你,其中最大的改变就是你永远无法以单纯一种方式看待世界了,所有的事情都是相对的。
>
> 这是为什么我认为跨文化交流对人来说是一件很好的事,因为这能提升你的同理心和理解力。这意味着你不会认为你总是对的,你能够从另外的角度看待问题,能够尊重有不同立场的人,并寻找共识。

尊重差异,你会发现世界比你想象的大得多。

其实,除了对饮食文化、偏见和环保议题的思考,大部分的篇幅,扶霞还是在写美食。在这本书里,她不仅待在四川,甚至走遍了中国。她曾去湖南韶山品味毛家菜,在香港的大厦里体验隐秘的私房菜,去北京追寻皇帝的食谱,去清溪探访最好的花椒,去阳澄湖吃蟹,去福建发现野味……

她真的很会写吃,常常看得我直流口水。写完这篇文章,我点了一份南昌炒粉、一份皮蛋瘦肉汤。终于觉得心满意足。

生活在八平米的房间
——读《东京八平米》

一

《东京八平米》是吉井忍的新书，我读了几天，越读越喜欢。

如果说有的书令人崇敬，有的书给人惊喜，那么这本书就是简单得让人喜欢。是喜欢一个朋友，喜欢一件T恤，喜欢一支笔的那种喜欢。不上升到任何宏大的意义，就落在日常与生活里——具体、扎实、可亲。

那些大书，那些期许穿越时间的书，读起来就像进入美术馆，看得人头昏脑涨，需要花费力气，然后震颤，像一种净化仪式，虽然美妙，却不能每天如此，会缺氧。吉井忍的书，则是家中物件。一张桌子，或是一个水杯。没有那么张扬，却必不可少，而且因为长久使用，还带着人的体温。

而且，这本书作为物的部分，也做得特别好。翻开来，不光是看字，每一张照片的处理、编排，自由又和谐，甚至书的厚度，打开的柔软度，都让人心喜。如果是另外一种设计，另外一种装订的方式，另外一种开本，阅读的效果可能都不会如此。

二

跑远了，回到书。这本书之所以叫《东京八平米》，是因为吉井忍真的住在一个八平米的房间里。八平米有多大呢？我对面积没有什么概念，按日本的标准是四叠半，但四叠半到底有多大，我也不很清楚。总之是一个单间，非常非常小。

我刚来深圳时，也是住在城中村的一个单间。那个房间在一幢农民房的顶层，没有电梯，爬上去要穿过一个破破的旅馆，走到第八层，穿过铁门，就到了。

楼顶上有大大小小四五间房，都是加盖的。我的房间靠近楼梯，采光不好，走进去要适应一会，才慢慢亮起来。房间内放了一张单人床，一张书桌，还有一个简易衣柜。没有厨房，当然，也没有冰箱，没有洗衣机和空调，唯一一个现代化的电器是我的笔记本电脑。

我在这个房间里生活了一年，每月八百块租金。房东是一个本地的阿姨，那时微信还不发达，没有直接转账的说法，月租都是交给隔壁的奶奶（她也是租客），再由她转交给房东。最后离开时，房东退给我押金，开着车来我上班的地方找我。我坐在副驾驶座上，不知道如何是好。

现在回忆起来，她人挺好的，胖胖的，说话有广东口音，如果不是在读《东京八平米》，我都把她忘了。

三

说回《东京八平米》，吉井忍又不是一个刚出社会的年轻人，为什么要住八平米的小单间呢？

我从阅读中拼凑了一些吉井忍的经历，或许可以让你快速了解一下她。事实上，我们看这类书，文章当然重要，但更重要的好像永远是文字背后的那个人。这和小说不一样。

吉井忍是一个自足的人。勇敢、自由，而且平实、朴素，不讲大道理，好好生活，活得扎实。她在书中透露自己四十多岁，具体几岁，我不知道，我猜想应该是70后。20世纪90年代，她曾到四川成都留学，后来又去法国南部务农，再然后辗转于台北、马尼拉、上海等地，做新闻撰稿人。

她不喜欢上班，做了很多随心的事，也敢于行动，没有被那种按部就班的价值规训。2012年，她和丈夫住在北京的老旧小区，为了节省开支，每天给丈夫做便当，顺便将图文发到网上，积少成多，成了她的第一本书《四季便当》。

不过，几年之后，丈夫说他找到了"真爱"。两人分开，吉井忍也回到阔别二十年的东京。

一开始，她住在父母家附近，属于郊区，虽然安静，空间也大，但离市区太远，毕竟不很方便。她还是更喜欢大城市的节奏。

决定搬到东京，她找了不少房子。最后选定这一间，非常小，而且处于老区，屋内没有天然气，也没有洗澡间（厕所是有的），没有冰箱，也没有洗衣机。但是，她还是选定了这里。一是房租便宜，每月换算成人民币不到两千元。她可以把钱花在别的地方，去旅游，去各处看展览，看演出。二是像洗澡、洗衣服这些事，可以依托周边的商业空间来完成。用她自己的话，则是把她这个宅人拖出了家门，和附近的社区发生了关系。

就像她说的，"我们的生活越来越便利，很多事情按一键即可解决，与他人接触的机会反而变少了"。

住在八平米的房子里，反而让她得到了一种昭和时代的生活节奏。

四

至于我为什么说这本书越读越喜欢，是因为它的结构非常稳固，并不是简单的文章合集，而是前后衔接，不断深入。

书分为三个部分，第一章叫《身处八平米》，介绍了她为什么会租这个房子，以及这个房子的状况。接着，因为房子缺乏一些基础设施，作者带我们一起走出去，去她常去的洗衣店，去各家钱汤，甚至因为没有冰箱，她还会介绍如何更好地准备食物。这些文章，一篇篇展开，都围绕着房子，围绕着具体的生活，非常贴近，但不是诉苦的，相反，充满那种安排好生活的快乐和一种充实与满足。

那么，把这里作为一个驻扎地后，第二章则要《走出八平米》。这一章写了很多她在东京探索遇到的人与事。

譬如以前因为错过末班地铁,而不得不找地方过夜,发现了午夜场电影院。譬如她常去的荞麦面店,藏在驻地市场里的喫茶店,等等。

最后一章《东京与八平米》,则是一些与东京有关的事,听电台、看落语、练习三味线和古筝。

总之,这本书的文章,不是随意的组合,而是有明确的用心。读着读着,有了一种空间感,好像真的和吉井忍一起住在了东京。

说起来,我自己也去过几次东京,但是作为游客,对于吉井忍所写的生活,是完全陌生的。我没有去过洗衣房,路边的钱汤也没有进去过,只是在酒店里去过一些浴场,印象深刻的是大家坐在小板凳上,洗澡都很认真。

或许,正是因为这样,吉井忍才在序言中说,这本书不仅介绍八平米房间的生活,"也可以当作东京探索指南"。

当然,它不仅仅是指南。它不是读完就扔的信息手册,而是一种充满温度的非虚构文本。

我们很容易因为她写作的题材,而忽略了她写作的能力。

之前读过阿西尔的《暮色将尽》,阿西尔也是一个非常有魅力的作者,一个冷酷又可爱的老太太,但是你会发现,阿西尔的书写就和吉井忍不一样,除了人的性格气质之外，还有一点在于，阿西尔写文章，都是以自身经验为主，这也是我们写散文时最常做的事。

但是吉井忍很善于挖掘他人的故事。她不沉溺在自己的世界里，而是带我们去拓展东京，介绍衣食住行，讲述扎扎实实的具体生活。并且，还常常遇见人，与之交往。

她的写人，摆脱了杂志腔，有一种贴近和理解，这并不容易，需要长久的时间浸泡才能办到。

在这本书里，不论是独自开着喫茶店的老先生，还是从中国移民到日本开荞麦面店的老板娘，或者是她的古筝老师，都让人感怀不已。

其动人的地方，正在于它不是人物报道，不是第三方的讲述，而是人和人之间交往得来的精华，里面有时间，有温度，所以才更加难能可贵。

这种交往方式，在我这里，从未发生。我一直试图逃避各种关系，一旦离开了一个地方，那里认识的人，也就一并渐渐疏远了。

看这本书会让我想到自己，怎么与生活的城市这么陌生？怎么没有试着走出去，去遇见，去碰撞，去记录，去生活？

我一方面不耐光滑的生活，同时又拒斥褶皱，害怕麻烦。这种软弱使得生活越来越空心。

而我们本不该如此。我们不需要太多的物,我们也不需要那么多方便。不论作为写作者,还是作为一个在城市中生活的普通人,都可以从这本书里获得能量。

作家的小八卦
——读《创作者的一天世界》

看作家们的人生经历，是八卦；看作家们的日常起居，就更是八卦了。这两种八卦，我都很爱看。前者能让我们理解一个作家之所以是他的来历，说不定还可以让你突然发现某一作品背后的秘密；后者则是一个作家所以是一个作家的缘由，他是白天写作，还是晚上写作，是早起还是晚起，这些工作习惯、日常安排，在我看来，都极有兴味。

想来，八卦是一种天性。像我这样八卦的人，亦有不少。美国就有一位梅森·柯里，他收集了好多创作者的作息习惯，一一记录下来，发布在了博客上。因为受到欢迎，后来还出了书，名为《创作者的一天世界》。

书中不只有作家的"起居注",还有画家、作曲家、建筑家、数学家等一百六十多位不同领域创作者的作息方式。

如果你是一个自由职业者,一定也会面对这样的问题:该如何安排一天的时间呢?

这一方面,我做得很糟。睡得晚,起得更晚,虽不至于饮酒宿醉,却懒散拖延,在摸鱼中混掉了大把时间。

所以,我看《创作者的一天世界》,不得不承认,还有一种鬼祟的心理。按理说,这本书辑录了这么多作家、艺术家的工作日常,看着他们的生活习惯,不是很能获得一种鼓励,找到学习的榜样吗?

但我必须承认,我看此书,心里想寻找的却是反例,如果有人和我一样不自律,还做出了许多事来,岂不说明我也还有救吗?

事实证明,反例虽有,却并不多也。大作家们都是工作狂,都自律得不得了。在他们看来,写作就是写作,写得出来写,写不出来也要坐着,日日上工,才有收成。天赋固然重要,但若要真的做出事情来,只有日拱一卒、集腋成裘才是。

当然,也不只是写作,世间的事,大抵如此。

不过,说到工作模式,则就各有不同。有的人是夜猫子，有的人天还不亮就已经起床。

天一亮，甚至天还没亮，就开始动笔的，比如村上春树。他在接受采访的时候曾经说过，自己每天四点起床，一气写到中午。下午，他会跑步、游泳、阅读，或者听音乐，等到晚上九点，就上床睡觉。

海明威也是天一亮就动笔。哪怕前一晚酩酊大醉，第二天一早也是雷打不动地拿起笔来。其他，像福克纳、奥康纳、狄更斯、托马斯·曼也都是晨型作家。

晨型作家，上午写完，下午就休息了。但还有一些作家，不仅上午写，下午也要写。基本和上班族没有两样。

比如萨特和波伏娃，都是每天工作两段时间。第一段，从上午十点一直到下午一点，中间去吃一餐饭，然后再从下午五点工作到晚上九点。

诗人奥登七点开始写作，一直写到十一点半，然后下午继续工作，直到傍晚。

君特·格拉斯一般在十点之后写作，下午喝杯咖啡休息一下，再接着写，到晚上七点结束。

晚上写作的，也有。他们起得相对比较晚。还有一种，是他们还有本职工作，不得不在晚上写作。

福楼拜算是起得晚的，十一点起床，下午处理杂事、阅读，等到晚上九点多，家人就寝，他才开始工作。

生活在别处

卡夫卡白天要上班（工作时间不长，从八点到两点），他的写作时间，一般是从晚上十一点半到深夜两三点。

约瑟夫·海勒白天在杂志社工作，晚上写作两三个小时。《第二十二条军规》就是这样写出来的，写了八年。

要论勤奋，以上诸位已经非常厉害了。但最神奇的还是巴尔扎克。他工作起来简直不分昼夜，而且作息非常古怪。他是晚上六点吃完晚餐，上床睡觉，凌晨一点起来，工作七小时。到早上八点，小睡九十分钟，然后从九点半继续工作到下午四点。之后，他会散步、洗澡、见客，直到六点。然后，第二天再来一遍。据说他一天要喝五十杯咖啡。

以上这些，都是男作家的工作日常，相对来说，女性的写作更为不易。她们往往没有自己的空间和时间，只能抽空来写。

艾丽丝·门罗有两个小孩要照顾，她总是在零碎时间才能写作，比如趁着大女儿上学、小女儿午睡的时间。

托尼·莫里森一直都有朝九晚五的工作，还要独自抚养两个儿子长大。她要么在工作时间里匆匆写作，要么在周末时间和天亮前写。

阿加莎·克里斯蒂也没有自己的书房和固定写作的时间。她说："我需要的只是稳固的桌面和打字机。主卧至大理石洗手台面就是个写作的好地方,吃饭时间以外的书桌也很合适。"

看完整本书,你会发现,每个人的习惯都不相同。长久来看,是早是晚,倒不是那么重要,重要的是每日都写。

这一点,恐怕才是从各位创作者身上学到的最重要也最简单的道理。

另外,还有一条,或可宽慰自己的是,即使是这些大作家,在投入工作之时,也常常没有信心,也会拖延和沮丧。

但是,他们都知道,没有关系,坐下来,开始写吧。